INHALTSVERZEICHNIS

SPIELE ZUM KENNENLERNEN

SPIEL	SEITE
NAMENSBINGO	8
STECKBRIEFE	10
ZWEI WAHRHEITEN UND EINE LÜGE	12
GEMEINSAMKEITEN FINDEN	14
INTERVIEW-SPIEL	16
KARTENHAUFEN	18

WORTKETTEN 28

BAU-CHALLENGE 30

INSPIRATIONS-PLAKATE 32

FOTO SCHNITZELJAGD 34

KOFFER PACKEN 36

GRUPPENZEICHNUNG 38

ÜBERLEBENSSZENARIO 40

SPEED DATING 42

EMOJI EISBRECHER 45

ESCAPE ROOM CHALLENGE 47

SPIELE ZUM ZUM VERTRAUENSAUFBAU

VERTRAUENSKREIS 50

GEFÜHRTE BLINDWANDERUNG 53

STILLE VORSTELLUNG 56

BEZIEHUNGSNETZ 58

VERTRAUENSFALL 61

SPIEGELBILD 64

TANZEN 67

PYRAMIDE 69

GEFÜHRTES ZEICHNEN 72

DIE UNENDLICHE GESCHICHTE 74

RÜCKWÄRTSLAUFEN 76

AUGENKONTAKT 78

BLINDE QUADRATWANDERUNG 80

DOMINO 82

MINENFELD 84

TÜRME 86

BLINDBALL 88

FLÜSTERKREIS 91

GEHEIMNISSE 93

SPIELZEUG 96

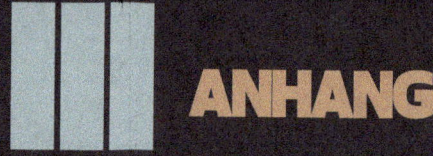

ANHANG

A - KOPIERVORLAGE NAMENSBINGO 99

B - KOPIERVORLAGE STECKBRIEF 101

C - BEISPIELFRAGEN 103

D - KOPIERVORLAGE LISTE 105

E - KOPIERVORLAGE EMOJIS 107

F - BEISPIELE ESCAPE-ROOM 109

G - BEISPIELSÄTZE FÜR FLÜSTERKREIS 110

WARUM TEAMFINDUNGS-SPIELE?

- **Eisbrecher und Auflockerung:** Teamfindungsspiele dienen als Eisbrecher und fördern eine entspannte Atmosphäre innerhalb des Teams. Indem sie die Mitarbeiter aus der Arbeitsroutine herausholen, ermöglichen sie es den Teammitgliedern, sich auf spielerische Weise kennenzulernen und miteinander zu interagieren. Diese informellen Interaktionen helfen dabei, Barrieren abzubauen, insbesondere in neuen oder gemischten Teams.

- **Vertrauensaufbau:** Teamfindungsspiele bieten eine gute Gelegenheit, das Vertrauen unter den Teammitgliedern aufzubauen. Durch gemeinsame Herausforderungen, in denen sie aufeinander angewiesen sind, lernen die Teammitglieder, sich auf ihre Kollegen zu verlassen und Vertrauen aufzubauen. Diese gestärkte Vertrauensbasis bildet das Fundament für eine offene Kommunikation und eine effektive Zusammenarbeit in zukünftigen Projekten.

- **Kommunikationsförderung:** Effektive Kommunikation ist das Rückgrat eines jeden erfolgreichen Teams. Teamfindungsspiele fördern die Kommunikationsfähigkeiten der Teilnehmer, da sie lernen, klar und präzise miteinander zu kommunizieren, um gemeinsame Ziele zu erreichen. Die spielerische Natur reduziert auch Hemmungen und erleichtert es den Teammitgliedern, ihre Ideen und Meinungen offen auszutauschen.

- **Teamidentifikation und Zusammengehörigkeitsgefühl:** Teamfindungsspiele stärken das Zusammengehörigkeitsgefühl und fördern die Teamidentifikation. Wenn Teammitglieder gemeinsam an Herausforderungen arbeiten und Hindernisse überwinden, entsteht ein Gefühl der Verbundenheit und des "Wir-Gefühls". Dies führt dazu, dass die Teammitglieder sich als Teil eines starken und unterstützenden Teams betrachten.

- **Konfliktlösung und Kooperationsfähigkeit:** In Teamfindungsspielen können Konflikte auftreten, die es zu bewältigen gilt. Das gemeinsame Bewältigen von Herausforderungen fördert die Kooperationsfähigkeit und zeigt den Teammitgliedern, wie sie effektiv mit Problemen umgehen können. Die gewonnenen Erkenntnisse können auf die Zusammenarbeit im Arbeitsumfeld übertragen werden, wodurch das Team besser auf schwierige Situationen vorbereitet ist.

- **Kreativität:** Teamfindungsspiele erfordern oft kreative Lösungen, um die gestellten Aufgaben zu bewältigen. Durch diese spielerischen Übungen lernen die Teammitglieder, innovative Ansätze zur Problemlösung zu entwickeln und Herausforderungen aus verschiedenen Perspektiven anzugehen. Diese Fähigkeiten sind von unschätzbarem Wert für die Bewältigung komplexer Arbeitsaufgaben.

PHASEN DER TEAMBILDUNG

- **Forming (Einführungsphase):** In der Forming-Phase kommen die Teammitglieder zusammen, lernen sich kennen und definieren ihre Rollen und Ziele. Diese Phase ist geprägt von Höflichkeit und Zurückhaltung, da die Mitglieder noch unsicher sind und eine klare Struktur im Team fehlt.

Spiele in dieser Phase können als Einstieg dienen und dazu beitragen, die Teammitglieder miteinander vertraut zu machen. Teamfindungsspiele, die darauf abzielen, die Namen, Interessen und Stärken der einzelnen Teammitglieder zu lernen, fördern das Kennenlernen und den Aufbau einer positiven Beziehung untereinander.

- **Storming (Konfliktphase):** In der Storming-Phase entstehen häufig Konflikte und Meinungsverschiedenheiten, da die Teammitglieder beginnen, ihre Ideen und Perspektiven zu äußern. Es kann zu Machtkämpfen und Unstimmigkeiten kommen, während das Team versucht, sich auf gemeinsame Ziele und Arbeitsweisen zu einigen.

Spiele, die die Zusammenarbeit und Kommunikation fördern, können in dieser Phase helfen, Konflikte zu minimieren und das Verständnis füreinander zu stärken. Teambuilding-Aktivitäten, die das Vertrauen und die Kooperationsfähigkeit der Teammitglieder stärken, ermöglichen es ihnen, effektiv auf gemeinsame Herausforderungen einzugehen und Konflikte konstruktiv zu lösen.

- **Norming (Normierungsphase):** In der Norming-Phase beginnen die Teammitglieder, eine gemeinsame Identität und Teamnormen zu entwickeln. Es entsteht ein Gefühl der Zugehörigkeit und Zusammenarbeit, während das Team eine klare Richtung verfolgt.

Spiele, die die Stärkung der Teamidentität und den gemeinsamen Wertekanon fördern, können in dieser Phase dazu beitragen, ein harmonisches und unterstützendes Teamklima zu schaffen. Teambuilding-Aktivitäten, die den Teammitgliedern ermöglichen, gemeinsame Ziele zu setzen und eine gemeinsame Vision zu entwickeln, stärken die Kohäsion und das Verantwortungsbewusstsein für das Teamergebnis.

- **Performing (Leistungsphase):** In der Performing-Phase erreicht das Team seine volle Leistungsfähigkeit. Die Teammitglieder arbeiten effektiv zusammen, kommunizieren offen und sind fokussiert auf das Erreichen ihrer Ziele.

Spiele, die die Zusammenarbeit und den Teamgeist fördern, können in dieser Phase dazu beitragen, dass das Team sein volles Potenzial entfaltet. Teamfindungsspiele, die die Teammitglieder vor Herausforderungen stellen und sie dazu ermutigen, ihre individuellen Stärken und Fähigkeiten einzubringen, unterstützen das Team dabei, seine Leistungsfähigkeit zu steigern und gemeinsame Erfolge zu erzielen.

I

SPIELE ZUM KENNENLERNEN

1. NAMENSBINGO

Beim Namensbingo-Spiel erhalten die Teilnehmer individuelle Bingo-Karten mit den Namen ihrer Teammitglieder. Das Ziel ist es, Teammitglieder zu finden und ggf. mehr über sie zu erfahren, um die Karte auszufüllen. Der Gewinner ist derjenige, der als Erster eine vollständige Reihe auf seiner Karte gekreutz hat und "Bingo!" ruft.

Namensbingo ist eine unterhaltsame und interaktive Möglichkeit, Teammitglieder dazu zu bringen, sich gegenseitig kennenzulernen und eine entspannte Atmosphäre zu schaffen. Es fördert den Austausch von Informationen und stärkt das Zusammengehörigkeitsgefühl innerhalb des Teams.

Teamgröße: Namensbingo funktioniert gut mit Gruppen von 10 bis 30 Teilnehmern. Bei kleineren Gruppen kann es schwieriger sein, genügend verschiedene Namen auf den Karten zu haben, während bei größeren Gruppen das Finden der passenden Namen länger dauern kann.

Dauer: Die Dauer des Spiels hängt von der Anzahl der Teilnehmer und der Größe des Namensbingo-Rasters ab. In der Regel dauert das Spiel etwa 10 bis 20 Minuten, je nachdem, wie schnell die Teilnehmer ihre Bingo-Karte ausfüllen können. Es ist ratsam, eine zeitliche Begrenzung festzulegen, damit das Spiel nicht zu lange dauert und die Teilnehmer genügend Zeit haben, um sich auch nach dem Spiel noch zu unterhalten.

Anhang A

1. Vorbereitung (siehe Anhang A):
   - Erstelle Namensbingo-Karten: Erstelle Bingo-Karten in einem Rasterformat (z. B. 5x5 oder 4x4). Jede Zelle des Rasters sollte den Namen eines Teammitglieds enthalten, aber die Namen sollten auf jeder Karte unterschiedlich angeordnet sein.
   - Drucke genügend Karten für alle Teilnehmer aus oder stelle sicher, dass du genug Platz hast, um die Karten handschriftlich zu erstellen.
2. Einführung:
   - Erklären Sie den Teilnehmern das Ziel des Spiels: Das Ziel ist, andere Teammitglieder zu finden, deren Namen auf der Bingo-Karte stehen, und ggf. mehr über sie zu erfahren.
3. Spielablauf:
   - Verteile die Namensbingo-Karten an die Teammitglieder. Jeder sollte eine andere Karte erhalten.
   - Gib den Teilnehmern eine angemessene Zeit (z. B. 10-15 Minuten), um durch den Raum zu gehen und andere Teammitglieder zu finden, deren Namen auf ihrer Karte stehen.
   - Sobald ein Teilnehmer jemanden gefunden hat, dessen Name auf seiner Karte steht, sollte er den Namen des Teammitglieds durchkreuzen. Gleichzeitig kann er ein interessantes Gespräch führen, um mehr über die Person zu erfahren (optional, je nach Spielziel).
   - Das Spiel endet, wenn ein Teilnehmer eine vollständige Reihe (horizontal, vertikal oder diagonal) mit Kreuzen (Namen) ausgefüllt hat und laut "Bingo!" ruft.
4. Gewinner und Reflexion:
   - Der Teilnehmer, der zuerst "Bingo!" ruft und eine vollständige Reihe hat, ist der Gewinner.
   - Als Reflexion können die Teammitglieder sich in einer lockeren Runde zusammensetzen und ihre Erfahrungen während des Spiels teilen. Es kann lustig sein, einige interessante oder überraschende Dinge zu entdecken, die sie über ihre Kollegen erfahren haben.

2. STECKBRIEFE

Bei diesem Spiel erstellt jeder Teilnehmer einen persönlichen Steckbrief mit Informationen zu seinem Namen, Alter, Beruf, Hobbys, Lieblingsessen, Filmen/Serien, Musik, Fähigkeiten und einer persönlichen Bemerkung. Anschließend werden die Steckbriefe in einer Vorstellungsrunde der Gruppe präsentiert, gefolgt von Interaktionen und Fragen.

"Steckbriefe" ist eine einfache und effektive Möglichkeit, Teammitglieder dazu zu bringen, sich gegenseitig besser kennenzulernen und Gemeinsamkeiten zu entdecken. Es fördert das Teilen von persönlichen Informationen, die das Vertrauen und die Zusammenarbeit innerhalb des Teams stärken können.

Teamgröße: Das Spiel "Steckbriefe" ist für jede Teamgröße geeignet. Es kann sowohl in kleinen Gruppen als auch in großen Teams durchgeführt werden.

Dauer: Die Dauer des Spiels hängt von der Anzahl der Teilnehmer und der Zeit ab, die jedem Teilnehmer für seine Vorstellung gegeben wird. In der Regel dauert die Vorstellungsrunde etwa 1 bis 2 Minuten pro Teilnehmer, je nachdem, wie ausführlich die Vorstellungen sind und wie viele Fragen gestellt werden.

Anhang B

1. Vorbereitung (siehe Anhang B):
   - Stelle für jeden Teilnehmer ein Blatt Papier oder ein Formular bereit, auf dem sie ihren persönlichen Steckbrief erstellen können. Der Steckbrief sollte Platz für folgende Informationen bieten: Name, Alter, Beruf/Tätigkeit, Hobbys/Interessen, Lieblingsessen, Lieblingsfilm/-serie, Lieblingsmusik, besondere Fähigkeiten/Talente, und ein freies Feld für eine persönliche Bemerkung.
2. Einführung:
   - Erklären Sie den Teilnehmern das Ziel des Spiels: Jeder Teilnehmer soll einen Steckbrief über sich selbst ausfüllen, der Informationen über seine Interessen, Hobbys und Fähigkeiten enthält. Anschließend werden die Steckbriefe in der Gruppe vorgestellt, um sich besser kennenzulernen.
3. Steckbriefe ausfüllen:
   - Jeder Teilnehmer erhält einen Steckbrief und füllt ihn vollständig aus. Geben Sie den Teilnehmern ausreichend Zeit, um die Informationen einzutragen, und ermutigen Sie sie, ehrlich und kreativ zu sein.
4. Vorstellungsrunde:
   - Nachdem alle Teilnehmer ihre Steckbriefe ausgefüllt haben, beginnen Sie eine Vorstellungsrunde. Jeder Teilnehmer steht nacheinander auf und präsentiert seinen Steckbrief der Gruppe.
   - Die Vorstellung kann frei gestaltet werden. Der Teilnehmer kann die wichtigsten Punkte seines Steckbriefs nennen oder eine Geschichte erzählen, die mit den Informationen auf dem Steckbrief verbunden ist.
5. Interaktion und Fragen:
   - Nachdem ein Teilnehmer seinen Steckbrief vorgestellt hat, haben die anderen Teilnehmer die Möglichkeit, Fragen zu stellen oder Gemeinsamkeiten zu finden. Dies kann zu interessanten Gesprächen und einem tieferen Verständnis für die Persönlichkeiten im Team führen.
6. Optional: Steckbrief-Galerie oder Wandtafel
   - Eine nette Ergänzung kann eine "Steckbrief-Galerie" oder eine Wandtafel sein, auf der alle ausgefüllten Steckbriefe gesammelt und ausgestellt werden. Dies ermöglicht es den Teilnehmern, die Informationen später nochmals durchzusehen und Verbindungen herzustellen.

3. ZWEI WAHRHEITEN UND EINE LÜGE

Bei "Zwei Wahrheiten und eine Lüge" machen die Teilnehmer nacheinander drei Aussagen über sich selbst, von denen zwei wahr und eine gelogen ist. Die anderen Teilnehmer raten, welche Aussage die Lüge ist. Das Spiel fördert Ehrlichkeit und Kreativität und wird durch eine Reflexionsrunde abgeschlossen, in der die Erfahrungen und Entdeckungen der Spieler diskutiert werden.

Das Spiel bietet eine unterhaltsame Möglichkeit, die Kreativität der Teilnehmer zu fördern, ihr Erinnerungsvermögen zu testen und gleichzeitig mehr über ihre Persönlichkeiten zu erfahren. Es trägt zur Stärkung des Teamgeistes bei und ermöglicht den Teilnehmern, sich auf eine lockere und humorvolle Art besser kennenzulernen.

Das Spiel "Zwei Wahrheiten und eine Lüge" ist für jede Teamgröße geeignet, von kleinen Gruppen bis hin zu großen Teams.

Dauer: Die Dauer des Spiels hängt von der Anzahl der Teilnehmer ab. In der Regel dauert jede Runde, in der ein Spieler seine Aussagen macht und die anderen Teilnehmer raten, etwa 2 bis 3 Minuten. Je nach Anzahl der Teilnehmer kann das Spiel 20 bis 30 Minuten oder mehr dauern.

1. Vorbereitung:
   - Erklären Sie den Teilnehmern das Spiel "Zwei Wahrheiten und eine Lüge": Jeder Teilnehmer wird nacheinander drei Aussagen über sich selbst machen. Davon sind zwei Aussagen wahr und eine ist gelogen. Die anderen Teilnehmer müssen raten, welche Aussage die Lüge ist.
2. Einführung:
   - Betonen Sie, dass die Teilnehmer bei diesem Spiel offen und ehrlich sein sollten, aber auch kreativ und trickreich, um es den anderen schwer zu machen, die Lüge zu entlarven.
3. Spielablauf:
   - Beginnen Sie als Spielleiter und machen Sie drei Aussagen über sich selbst, wobei eine davon eine Lüge ist. Es ist ratsam, dass Sie zuerst die Lüge auflösen, um das Konzept des Spiels zu verdeutlichen.
   - Nach Ihrer Vorstellung geht das Spiel im Uhrzeigersinn weiter, jeder Teilnehmer macht ebenfalls drei Aussagen über sich selbst (zwei Wahrheiten und eine Lüge) in beliebiger Reihenfolge. Die anderen Teilnehmer können währenddessen Fragen stellen, um die Aussagen besser zu verstehen, aber der Spieler darf nicht verraten, welche Aussage die Lüge ist.
   - Die anderen Teilnehmer raten anschließend, welche Aussage sie für die Lüge halten. Der Spieler klärt am Ende auf, welche der Aussagen tatsächlich die Lüge ist.
4. Reflexion und Diskussion:
   - Nachdem alle Teilnehmer ihre Aussagen gemacht haben, kann eine Reflexionsrunde stattfinden, in der die Spieler über ihre Erfahrungen während des Spiels sprechen können. Es kann interessant sein, zu erfahren, wie gut die anderen Teilnehmer die Lügen aufdecken konnten und wie sie ihre Entscheidungen getroffen haben.

4. GEMEINSAMKEITEN FINDEN

?

Die Teilnehmer werden in kleinere Gruppen aufgeteilt und sollen so viele Gemeinsamkeiten wie möglich untereinander entdecken. Jede Gruppe erstellt eine Liste der gefundenen Gemeinsamkeiten und präsentiert sie anschließend. Das Spiel fördert das Kennenlernen und die Teambindung, da die Teilnehmer aktiv Gemeinsamkeiten in ihren Gruppen erkunden und darüber reflektieren.

Das Spiel ist eine effektive Möglichkeit, die Teammitglieder einander näher zu bringen, Verbindungen zu fördern und die Teamdynamik zu verbessern. Es ermutigt die Teilnehmer, aktiv zuzuhören, miteinander zu kommunizieren und Unterschiede zu schätzen. Das Spiel kann eine positive und unterstützende Atmosphäre schaffen und das Vertrauen unter den Teammitgliedern stärken.

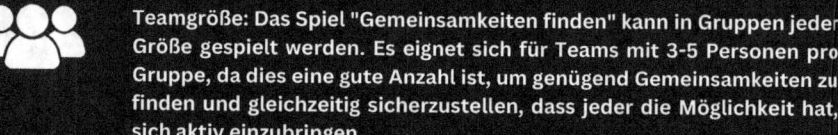

Teamgröße: Das Spiel "Gemeinsamkeiten finden" kann in Gruppen jeder Größe gespielt werden. Es eignet sich für Teams mit 3-5 Personen pro Gruppe, da dies eine gute Anzahl ist, um genügend Gemeinsamkeiten zu finden und gleichzeitig sicherzustellen, dass jeder die Möglichkeit hat, sich aktiv einzubringen.

Dauer: Die Dauer des Spiels hängt von der Größe der Gruppe und der Zeit ab, die Sie den Teilnehmern geben möchten, um sich gegenseitig kennenzulernen und Gemeinsamkeiten zu finden. In der Regel dauert das Spiel etwa 15-30 Minuten, je nachdem, wie viel Zeit Sie für die Präsentation der Ergebnisse und die Reflexionsrunde vorsehen.

1. Vorbereitung:
   ◦ Teilen Sie das Team in kleinere Gruppen auf, idealerweise 3-5 Personen pro Gruppe. Stellen Sie sicher, dass die Gruppen ausgewogen gemischt sind und sich die Teammitglieder nicht bereits gut kennen.
2. Einführung:
   ◦ Erklären Sie den Teilnehmern das Spiel: Die Aufgabe jeder Gruppe besteht darin, so viele Gemeinsamkeiten wie möglich zu finden, die sie untereinander teilen. Diese Gemeinsamkeiten können persönliche Vorlieben, Hobbys, Interessen, Erfahrungen oder andere Merkmale sein.
3. Start des Spiels:
   ◦ Geben Sie den Gruppen ausreichend Zeit, sich gegenseitig kennenzulernen und herauszufinden, welche Gemeinsamkeiten sie haben. Die Teammitglieder sollten sich offen austauschen und aktives Zuhören fördern.
4. Gemeinsamkeiten sammeln:
   ◦ Jede Gruppe sollte eine Liste von Gemeinsamkeiten erstellen, die sie untereinander gefunden haben. Die Gemeinsamkeiten können auf einem Blatt Papier oder einem Whiteboard notiert werden.
5. Präsentation:
   ◦ Nachdem die Zeit abgelaufen ist, bitten Sie jede Gruppe, ihre Liste der gefundenen Gemeinsamkeiten zu präsentieren. Lassen Sie die Teilnehmer darüber sprechen, welche Gemeinsamkeiten sie überrascht oder am meisten verbunden haben.
6. Reflexion:
   ◦ Führen Sie nach den Präsentationen eine Reflexionsrunde durch. Fragen Sie die Teilnehmer, wie es ihnen dabei ging, Gemeinsamkeiten mit ihren Teamkollegen zu finden, und wie das Spiel dazu beigetragen hat, ihre Teambindung zu stärken.

5. INTERVIEW-SPIEL

Beim Interview-Spiel werden die Teilnehmer in Paare aufgeteilt, um sich gegenseitig zu interviewen. Vorab vorbereitete Fragen zu persönlichen und allgemeinen Themen werden gestellt, und die Partner wechseln nach einer bestimmten Zeit die Rollen. Das Spiel ermöglicht es den Teilnehmern, sich besser kennenzulernen und Informationen sowie Anekdoten auszutauschen. Eine optionale Gruppendiskussion kann die Erfahrungen und Entdeckungen der Teilnehmer zusammenfassen.

Das Interview-Spiel bietet eine tolle Gelegenheit für die Teilnehmer, sich auf persönlicher Ebene kennenzulernen. Es fördert das Zuhören und das Teilen von Informationen, die normalerweise nicht im Arbeits- oder Projektalltag besprochen werden. Es ist eine unterhaltsame und informative Möglichkeit, die zwischenmenschlichen Beziehungen zu stärken und einander besser zu verstehen.

Teamgröße: Das Spiel "Interview-Spiel" kann mit beliebigen Teamgrößen durchgeführt werden. Es kann in kleineren Gruppen oder auch mit einer größeren Gesamtgruppe durchgeführt werden, indem Sie die Teilnehmer in mehrere Untergruppen aufteilen.

Dauer: Die Dauer des Spiels hängt von der Anzahl der Teilnehmer und der Zeit ab, die jedem Paar für die Interviews gegeben wird. In der Regel dauert jede Interview-Runde etwa 5 bis 7 Minuten pro Person.

Anhang C

1. Vorbereitung (siehe Anhang C):
   - Bereiten Sie vorab einige Fragen vor, die die Teilnehmer verwenden können, um sich gegenseitig zu interviewen. Die Fragen können eine Mischung aus persönlichen und allgemeinen Themen sein, wie Hobbys, Interessen, Lieblingsfilme, Reisen, berufliche Erfahrungen usw.
2. Einführung:
   - Erklären Sie den Teilnehmern das Spiel: Die Teilnehmer werden in Paare aufgeteilt, und jedes Paar wird sich abwechselnd interviewen. Eine Person ist der Interviewer und stellt die vorbereiteten Fragen, während die andere Person der Interviewte ist und die Fragen beantwortet.
3. Paarbildung:
   - Teilen Sie die Teilnehmer in Paare auf, entweder zufällig oder je nach Ihren Vorlieben. Stellen Sie sicher, dass jeder einen Interviewpartner hat.
4. Interview-Runde:
   - Geben Sie den Teilnehmern eine festgelegte Zeit, z. B. 5 bis 7 Minuten, um sich gegenseitig zu interviewen. Die Interviewer können ihre Fragen nacheinander stellen, und die Interviewten sollten ihre Antworten ausführlich und interessant gestalten.
   - Ermutigen Sie die Teilnehmer, nicht nur auf die gestellten Fragen zu antworten, sondern auch zusätzliche Informationen und eigene Erlebnisse zu teilen, um das Gespräch lebendig und informativ zu gestalten.
5. Rollentausch:
   - Nach der festgelegten Zeit wechseln die Rollen innerhalb der Paare, sodass die Interviewer nun die Interviewten sind und umgekehrt.
6. Gespräche beenden:
   - Nachdem beide Partner die Gelegenheit hatten, einander zu interviewen, bringen Sie die Gruppe wieder zusammen.
   - Ermutigen Sie die Teilnehmer, ihre Erfahrungen auszutauschen und interessante Dinge zu teilen, die sie während der Interviews gelernt haben.
7. Optional: Gruppendiskussion
   - Wenn Sie möchten, können Sie eine offene Diskussionsrunde durchführen, in der die Teilnehmer darüber sprechen, was sie über ihre Interviewpartner gelernt haben, welche Gemeinsamkeiten oder Unterschiede sie festgestellt haben und wie sich die Interviews auf ihre Wahrnehmung der anderen Teammitglieder ausgewirkt haben.

6. KARTENHAUFEN

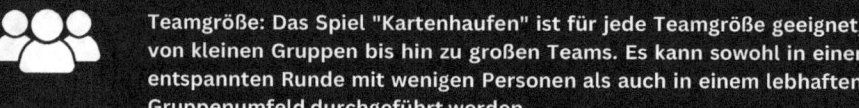

Beim "Kartenhaufen" ziehen die Teilnehmer abwechselnd Karten aus einem Stapel, die Fragen oder Aussagen enthalten. Jeder Spieler beantwortet die gezogene Frage oder teilt seine Meinung zu der Aussage. Das Spiel fördert unterhaltsame und anregende Gespräche innerhalb des Teams. Nachdem alle Teilnehmer ihre Karten gezogen haben, kann eine offene Diskussionsrunde folgen, um die Antworten zu besprechen.

"Kartenhaufen" ist eine einfache und dennoch wirkungsvolle Möglichkeit, Gespräche und Interaktionen im Team zu fördern. Es ermöglicht den Teilnehmern, mehr voneinander zu erfahren, neue Aspekte ihrer Persönlichkeit zu entdecken und das Team näher zusammenzubringen. Das Spiel kann eine entspannte und angenehme Atmosphäre schaffen, in der die Teilnehmer ihre Gedanken und Erfahrungen teilen können.

Teamgröße: Das Spiel "Kartenhaufen" ist für jede Teamgröße geeignet, von kleinen Gruppen bis hin zu großen Teams. Es kann sowohl in einer entspannten Runde mit wenigen Personen als auch in einem lebhaften Gruppenumfeld durchgeführt werden.

Dauer: Die Dauer des Spiels hängt von der Anzahl der Teilnehmer und der Anzahl der Karten im Stapel ab. In der Regel dauert das Spiel etwa 15 bis 30 Minuten, je nachdem, wie viele Fragen diskutiert werden und wie ausführlich die Diskussionen sind.

Anhang C

1. Vorbereitung (siehe Anhang C):
   ○ Erstellen Sie vorab Karten mit verschiedenen Fragen oder Aussagen, die als Gesprächsstarter dienen. Diese Karten können Fragen zu Hobbys, Reisen, Lieblingsessen, Lebenszielen, lustigen Geschichten usw. enthalten.
   ○ Mischen Sie die Karten gut und legen Sie sie verdeckt auf einen Stapel in der Mitte des Tisches oder des Spielfelds.
2. Einführung:
   ○ Erklären Sie den Teilnehmern das Spiel "Kartenhaufen": Die Teilnehmer ziehen nacheinander eine Karte aus dem Stapel und beantworten die darauf stehende Frage oder teilen ihre Meinung zu der Aussage. Dadurch entstehen unterhaltsame und anregende Gespräche innerhalb des Teams.
3. Spielablauf:
   ○ Die Teilnehmer setzen sich im Kreis oder um einen Tisch herum, sodass jeder gut zugänglich ist, um die Karten aus dem Stapel zu ziehen.
   ○ Der erste Spieler zieht eine Karte aus dem Stapel und liest die darauf stehende Frage oder Aussage laut vor. Anschließend gibt er seine Antwort oder Meinung preis.
   ○ Nachdem der erste Spieler geantwortet hat, geht der Kartenhaufen im Uhrzeigersinn zum nächsten Spieler, der ebenfalls eine Frage beantwortet oder seine Meinung teilt.
   ○ Der Prozess wird fortgesetzt, bis jeder Spieler eine Chance hatte, eine Karte zu ziehen und zu antworten.
4. Offene Diskussion:
   ○ Nachdem jeder Spieler eine Karte gezogen hat, können Sie eine offene Diskussionsrunde starten. Die Teilnehmer können über ihre Antworten sprechen, Gemeinsamkeiten finden oder auch interessante Unterschiede in ihren Antworten entdecken.
5. Optional: Thematische Variationen
   ○ Sie können das Spiel interessanter gestalten, indem Sie thematische Variationen einführen. Zum Beispiel könnten Sie spezifische Kategorien wie "Reisen" oder "Träume und Ziele" wählen und nur Fragen in diesem Bereich verwenden.

7. GEBURTSMONAT-GRUPPEN

Die Teilnehmer werden entsprechend ihres Geburtsmonats in kleinere Gruppen aufgeteilt und tauschen sich in ihren Gruppen über Gemeinsamkeiten und Unterschiede aus. Jede Gruppe diskutiert Erfahrungen, Traditionen und Vorlieben, die mit ihrem Geburtsmonat zusammenhängen. Nach der Diskussion präsentieren die Gruppen ihre Erkenntnisse der gesamten Teilnehmergruppe, und am Ende reflektieren alle über die Überraschungen und die gestärkte Teambindung durch das Spiel.

Das Spiel "Geburtsmonat-Gruppen" ermöglicht es den Teammitgliedern, sich auf persönlicher Ebene besser kennenzulernen und Gemeinsamkeiten in ihrer Gruppe zu entdecken. Es kann eine unterhaltsame und interessante Möglichkeit sein, Verbindungen innerhalb des Teams zu fördern und das gegenseitige Verständnis zu stärken. Stellen Sie sicher, dass die Teilnehmer eine offene und respektvolle Atmosphäre schaffen, in der sich jeder wohl und akzeptiert fühlt.

Teamgröße: Die Teamgröße für das Spiel "Geburtsmonat-Gruppen" hängt von der Anzahl der Teilnehmer ab. Idealerweise sollten genügend Teammitglieder vorhanden sein, um Gruppen für jeden Monat des Jahres zu bilden. Eine Gruppe sollte ausreichend Mitglieder haben, um eine angemessene Diskussion und Interaktion zu ermöglichen. Je nach Größe des Teams können die Gruppen unterschiedlich groß sein, aber es ist wichtig sicherzustellen, dass jede Gruppe genügend Teilnehmer hat, um sich aktiv zu beteiligen.

Dauer: Die Dauer des Spiels hängt von der Größe des Teams und der Zeit ab, die Sie für die Diskussion innerhalb der Geburtsmonatsgruppen und die anschließende Präsentation und Reflexion vorsehen möchten. In der Regel dauert das Spiel etwa 20-30 Minuten, um genügend Zeit für die Diskussion und den Austausch in den Gruppen sowie für die Präsentation und Reflexion der Ergebnisse zu haben.

1. Vorbereitung:
   - Teilen Sie das Team entsprechend ihres Geburtsmonats in kleinere Gruppen auf. Es sollte eine Gruppe für jeden Monat des Jahres geben. Stellen Sie sicher, dass jede Gruppe ausreichend Mitglieder hat, um eine angemessene Diskussion zu ermöglichen.
2. Einführung:
   - Erklären Sie den Teilnehmern das Spiel: Die Aufgabe besteht darin, sich innerhalb der Geburtsmonatsgruppen zu versammeln und Gemeinsamkeiten sowie Unterschiede zu diskutieren. Die Teilnehmer sollen sich darüber austauschen, was sie in ihrem Geburtsmonat verbindet und welche Erfahrungen sie möglicherweise teilen.
3. Gruppenbildung:
   - Die Teilnehmer suchen ihre Geburtsmonatsgruppe und versammeln sich dort.
4. Diskussion:
   - Innerhalb jeder Geburtsmonatsgruppe können die Teilnehmer über ihre Erfahrungen, Traditionen, Vorlieben und Besonderheiten sprechen, die mit ihrem Geburtsmonat verbunden sind. Sie können Fragen stellen, sich austauschen und lernen, wie sie als Gruppe verbunden sind.
5. Präsentation:
   - Nachdem die Geburtsmonatsgruppen ausreichend Zeit hatten, sich auszutauschen, können sie ihre wichtigsten Gemeinsamkeiten und Unterschiede der gesamten Gruppe präsentieren.
6. Reflexion:
   - Führen Sie eine Reflexionsrunde durch, in der die Teilnehmer ihre Erfahrungen und Erkenntnisse aus dem Spiel teilen. Fragen Sie sie, ob sie überraschende Gemeinsamkeiten gefunden haben und wie das Spiel dazu beigetragen hat, ihre Teambindung zu stärken.

8. WERTSCHÄTZUNGS-RUNDE

Bei diesem Spiel hat jedes Teammitglied die Gelegenheit, eine positive Aussage über ein anderes Teammitglied zu machen und zu zeigen, was es an dieser Person besonders schätzt. Das Spiel fördert die Verbundenheit im Team, stärkt das Selbstwertgefühl der Teilnehmer und betont die Bedeutung von Wertschätzung und positivem Feedback. Die Teilnehmer stehen im Kreis oder in einer Reihe und loben sich gegenseitig nacheinander. Nach dem Spiel können sie in einer offenen Diskussion ihre Gedanken und Gefühle über die Erfahrung teilen.

Die "Wertschätzungs-Runde" ist eine herzerwärmende und inspirierende Möglichkeit, den Teamgeist zu stärken und die Verbundenheit unter den Teammitgliedern zu fördern. Indem die Teilnehmer sich gegenseitig schätzen und loben, entsteht eine positive und motivierende Atmosphäre, die das Vertrauen und die Zusammenarbeit im Team stärkt. Es ist eine einfache und dennoch äußerst wirkungsvolle Methode, um das Selbstwertgefühl und das Wohlbefinden der Teilnehmer zu steigern.

Teamgröße: Das Spiel "Wertschätzungs-Runde" ist für jede Teamgröße geeignet, von kleinen Gruppen bis hin zu großen Teams. Es kann sowohl in einer entspannten Runde mit wenigen Personen als auch in einem lebhaften Gruppenumfeld durchgeführt werden.

Dauer: Die Dauer des Spiels hängt von der Anzahl der Teilnehmer ab und davon, wie ausführlich die Wertschätzungen sind. In der Regel dauert das Spiel etwa 15 bis 30 Minuten, je nachdem, wie viele Spieler teilnehmen und wie viel Zeit für Reflexionen aufgewendet wird.

1. Vorbereitung:
   - Erklären Sie den Teilnehmern das Spiel: In dieser Runde wird jedes Teammitglied die Gelegenheit haben, eine positive Aussage über ein anderes Teammitglied zu machen, die zeigt, was sie an dieser Person besonders schätzen.
2. Einführung:
   - Betonen Sie die Bedeutung von Wertschätzung und positivem Feedback innerhalb des Teams. Erklären Sie, dass dieses Spiel dazu dient, die Verbundenheit im Team zu stärken und das Selbstwertgefühl der Teilnehmer zu fördern.
3. Spielablauf:
   - Bitten Sie die Teilnehmer, sich im Kreis oder in einer Reihe aufzustellen.
   - Der erste Spieler beginnt und nennt den Namen eines anderen Teammitglieds, dem er seine Wertschätzung ausdrücken möchte, und sagt dann eine positive Eigenschaft, eine Stärke oder eine Leistung, die er an dieser Person schätzt.
   - Das gelobte Teammitglied bedankt sich kurz und nennt dann den Namen eines anderen Teilnehmers, dem es seine Wertschätzung ausdrücken möchte. Das Spiel setzt sich so fort, bis jeder Teilnehmer mindestens einmal gelobt wurde.
4. Offene Diskussion:
   - Nachdem jeder Teilnehmer gelobt wurde, können Sie eine offene Diskussionsrunde starten. Die Teilnehmer können ihre Gedanken und Gefühle über das Spiel teilen und darüber sprechen, wie es sich angefühlt hat, Wertschätzung zu erhalten und auszusprechen.
5. Optional: Ergänzungen
   - Sie können das Spiel erweitern, indem Sie den Teilnehmern erlauben, nicht nur positive Eigenschaften zu loben, sondern auch besondere Beiträge oder Momente zu erwähnen, die sie im Team beobachtet haben.

9. BALLONVORSTELLUNG

Bei "Ballonvorstellung" erhalten die Teilnehmer Luftballons, die mit Helium gefüllt sind, oder an Schnüren befestigt werden, um sich selbst vorzustellen. Jeder Teilnehmer hält einen Ballon, stellt sich nacheinander vor und erzählt interessante Fakten über sich selbst. Anschließend lassen sie ihre Ballons gemeinsam in die Luft steigen. Das Spiel ermöglicht eine spielerische und kreative Art der Vorstellung. Nach den Ballonvorstellungen kann eine lockere Gesprächsrunde stattfinden, in der die Teilnehmer Fragen stellen, Kommentare abgeben und Gemeinsamkeiten entdecken können.

"Ballonvorstellung" ist eine kreative und lustige Art, die Teammitglieder dazu zu bringen, sich vorzustellen und mehr über ihre Persönlichkeit und Interessen zu erfahren. Es ermöglicht eine spielerische und entspannte Atmosphäre, in der die Teilnehmer ihre Individualität und Einzigartigkeit zum Ausdruck bringen können. Das Spiel fördert die zwischenmenschliche Interaktion und kann die Teammitglieder dazu ermutigen, sich auf eine unterhaltsame Weise besser kennenzulernen.

Teamgröße: Das Spiel "Ballonvorstellung" ist für jede Teamgröße geeignet, von kleinen Gruppen bis hin zu großen Teams. Es kann sowohl in einer entspannten Runde mit wenigen Personen als auch in einem lebhaften Gruppenumfeld durchgeführt werden.

Dauer: Die Dauer des Spiels hängt von der Anzahl der Teilnehmer ab und davon, wie ausführlich die Vorstellungen sind. In der Regel dauert das Spiel etwa 15 bis 30 Minuten, je nachdem, wie viele Spieler teilnehmen und wie viel Zeit für Interaktionen aufgewendet wird.

1. Vorbereitung:
   1. Bereiten Sie vorab Luftballons vor, einen für jeden Teilnehmer im Team. Sie können die Ballons mit Helium füllen, damit sie leichter in der Luft schweben und länger halten. Alternativ können Sie normale Luftballons verwenden und sie an Schnüren oder Bändern befestigen, damit die Teilnehmer sie halten können.
2. Einführung:
   1. Erklären Sie den Teilnehmern das Spiel: Jeder Teilnehmer wird einen (ggf. mit Helium gefüllten) Ballon erhalten und sich selbst vorstellen. Der Ballon symbolisiert dabei eine spielerische Art der Präsentation.
3. Ballonvorstellung:
   1. Geben Sie jedem Teilnehmer einen Ballon, und bitten Sie sie, ihn mit einer Hand festzuhalten.
   2. Jeder Teilnehmer stellt sich nacheinander vor und erzählt einige interessante Fakten über sich selbst, beispielsweise seinen Namen, seinen Beruf, seine Hobbys oder etwas Besonderes, das ihn auszeichnet. Die Teilnehmer haben die Möglichkeit, ihre Kreativität zu nutzen, um die Vorstellung spannend und unterhaltsam zu gestalten.
   3. Nachdem sich jeder vorgestellt hat, lassen alle die Ballons los, und die Ballons steigen gemeinsam in die Luft. Sollten Sie keine Heliumballons nutzen, können Sie die Ballons auch zum Platzen bringen.
4. Interaktion und Fragen:
   1. Nachdem alle Ballons freigelassen wurden, kann eine lockere Gesprächsrunde stattfinden. Die Teilnehmer können Fragen stellen, Kommentare abgeben oder Gemeinsamkeiten entdecken, die sie in den Vorstellungen gehört haben.
5. Optional: Ballonmarkierung
   1. Um das Spiel noch persönlicher zu gestalten, können die Teilnehmer ihre Ballons mit einer Markierung versehen, z. B. ihrem Namen oder einem Symbol, das ihre Persönlichkeit oder Interessen repräsentiert.

10. TEAM-PUZZLE

Die Teilnehmer erhalten ein großes Puzzle mit vielen Teilen. Das Ziel ist es, gemeinsam das Puzzle zu lösen und das Motiv zusammenzusetzen, was die Zusammenarbeit und das Einbringen individueller Fähigkeiten symbolisiert. Die Teilnehmer werden in Teams aufgeteilt und ermutigt, effektiv zusammenzuarbeiten.

Das Puzzle ist eine effektive Möglichkeit, die Teamarbeit, die Kommunikation und das gemeinsame Zielstreben zu fördern. Es ermöglicht den Teilnehmern, ihre Zusammenarbeit und Problemlösungsfähigkeiten zu verbessern und zu erkennen, wie jeder individuell zum Gesamterfolg des Teams beiträgt. Das Spiel fördert auch das Gemeinschaftsgefühl und zeigt, wie wichtig es ist, die Fähigkeiten und Perspektiven jedes Teammitglieds zu schätzen und zu nutzen.

Teamgröße: Das Spiel "Team-Puzzle" ist für verschiedene Teamgrößen geeignet. Sie können es mit kleineren Gruppen durchführen, indem Sie kleinere Puzzles verwenden, oder es für größere Teams skalieren, indem Sie größere Puzzles oder mehrere identische Puzzles verwenden.

Dauer: Die Dauer des Spiels hängt von der Anzahl der Teilnehmer, der Größe des Puzzles und der gewünschten Zeit für Reflexionen ab. In der Regel dauert das Spiel etwa 20 bis 45 Minuten, abhängig von den oben genannten Faktoren.

1. Vorbereitung:
   - Erstellen Sie vorab ein großes Puzzle oder verwenden Sie ein bestehendes Puzzle mit vielen Teilen. Wählen Sie ein Puzzle mit einem Motiv, das zum Thema oder zur Stimmung des Teamtages passt.
2. Einführung:
   - Erklären Sie den Teilnehmern das Spiel "Team-Puzzle": Das Ziel des Spiels ist es, gemeinsam das Puzzle zu lösen und das Motiv zusammenzusetzen. Es symbolisiert die Zusammenarbeit und das Zusammenfügen der individuellen Fähigkeiten, um ein gemeinsames Ziel zu erreichen.
3. Puzzle-Zusammenbau:
   - Teilen Sie die Teilnehmer in Teams auf, je nach Größe des Puzzles und der Gesamtgruppe. Jedes Team erhält ein gleiches Set an Puzzle-Teilen und einen Tisch oder eine Fläche zum Zusammenbauen des Puzzles.
   - Ermutigen Sie die Teams, zusammenzuarbeiten und ihre individuellen Stärken einzusetzen, um das Puzzle so schnell wie möglich zusammenzusetzen. Die Teilnehmer können sich untereinander absprechen und Ideen austauschen, wie sie das Puzzle am effektivsten zusammensetzen können.
4. Wettbewerbsmodus (optional):
   - Wenn Sie das Spiel wettbewerbsfähiger gestalten möchten, können Sie ein Zeitlimit festlegen und die Teams darum bitten, das Puzzle innerhalb dieser Zeit zu lösen. Das Team, das das Puzzle zuerst vollständig zusammengesetzt hat, gewinnt den Wettbewerb.
5. Reflexion und Diskussion:
   - Nachdem alle Teams das Puzzle zusammengesetzt haben, bringen Sie die Gruppe wieder zusammen.
   - Führen Sie eine Reflexionsrunde durch, in der die Teilnehmer über ihre Erfahrungen während des Spiels sprechen können. Fragen Sie nach den Herausforderungen, die sie beim Zusammenbau des Puzzles hatten, wie sie als Team zusammengearbeitet haben und was sie aus dem Spiel gelernt haben.

11. WORTKETTEN

Bei "Wortketten" bilden die Teilnehmer eine Kette von Wörtern, indem sie abwechselnd ein neues Wort sagen, das mit dem letzten Buchstaben des vorherigen Wortes beginnt. Das Spiel erfordert keine spezielle Vorbereitung oder Materialien und kann spontan durchgeführt werden. Die Teilnehmer setzen sich im Kreis oder in einer Reihe auf und bilden die Wortkette nacheinander. Das Spiel endet, wenn keine neuen Wörter mehr gefunden werden können oder nach Ablauf einer vorher festgelegten Zeit. Nach dem Spiel kann eine Reflexionsrunde stattfinden, um über Strategien und Herausforderungen zu sprechen, die beim Bilden der Wortketten auftraten.

"Wortketten" ist ein unterhaltsames und geistig anregendes Spiel, das die Teammitglieder dazu ermutigt, ihre kreativen Denkfähigkeiten zu nutzen und sich auf spielerische Weise miteinander zu verbinden. Es fördert die Zusammenarbeit, das schnelle Denken und die Kommunikation im Team und kann eine angenehme Möglichkeit sein, eine lockere und spaßige Atmosphäre zu schaffen.

Teamgröße: Das Spiel "Wortketten" ist für jede Teamgröße geeignet, von kleinen Gruppen bis hin zu großen Teams. Es kann sowohl in einer entspannten Runde mit wenigen Personen als auch in einem lebhaften Gruppenumfeld durchgeführt werden.

Dauer: Die Dauer des Spiels hängt von der Anzahl der Teilnehmer und der Länge der Wortketten ab. In der Regel dauert das Spiel etwa 10 bis 20 Minuten, je nachdem, wie viele Spieler teilnehmen und wie viele Wörter in der Kette enthalten sind.

1. Vorbereitung:
   - Es werden keine speziellen Vorbereitungen benötigt. Das Spiel kann spontan und ohne Materialien durchgeführt werden.
2. Einführung:
   - Erklären Sie den Teilnehmern das Spiel "Wortketten": Die Teilnehmer werden gemeinsam eine Kette von Wörtern bilden, indem sie abwechselnd ein neues Wort sagen, das mit dem letzten Buchstaben des vorherigen Wortes beginnt.
3. Spielablauf:
   - Die Teilnehmer setzen sich im Kreis oder in einer Reihe auf und bestimmen einen Startspieler.
   - Der Startspieler sagt ein beliebiges Wort (z. B. "Apfel").
   - Der nächste Spieler muss nun ein Wort nennen, das mit dem letzten Buchstaben des vorherigen Wortes beginnt (z. B. "Löffel").
   - Die Kette wird fortgesetzt, indem jeder Spieler ein neues Wort sagt, das mit dem letzten Buchstaben des vorherigen Wortes beginnt (z. B. "Löwe", "Esel", "Lampe" usw.).
   - Jedes Wort darf nur einmal verwendet werden, und es sollten keine Eigennamen oder wiederholten Wörter verwendet werden.
   - Das Spiel endet entweder, wenn die Teilnehmer keine neuen Wörter mehr finden können oder wenn eine vorher festgelegte Zeit abgelaufen ist.
4. Reflexion und Diskussion:
   - Nachdem das Spiel beendet ist, können Sie eine Reflexionsrunde durchführen. Fragen Sie die Teilnehmer nach ihren Strategien, wie sie neue Wörter gefunden haben und welche Herausforderungen sie beim Bilden der Wortketten hatten.

12. BAU-CHALLENGE

?

Bei der "Bau-Challenge" bereiten Sie Baumaterialien wie Bauklötze, Legosteine, Papier, Stifte, Klebeband und mehr vor. Die Teilnehmer werden in Teams aufgeteilt und erhalten die Aufgabe, innerhalb einer festgelegten Zeit eine bestimmte Konstruktion zu bauen, z. B. einen Turm, eine Brücke, ein Fahrzeug oder eine Skulptur. Die Teams setzen ihre Kreativität, Fähigkeiten und Teamarbeit ein, um die besten Konstruktionen aus den Materialien zu erstellen.

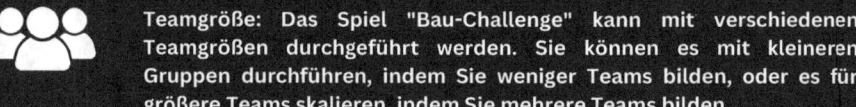

Die "Bau-Challenge" ist eine herausfordernde und unterhaltsame Möglichkeit, die Kreativität, die Teamarbeit und die Problemlösungsfähigkeiten der Teilnehmer zu fördern. Es bietet den Teilnehmern die Gelegenheit, ihre Konstruktionen zu präsentieren und ihre stolzen Errungenschaften zu teilen. Das Spiel fördert auch die Zusammenarbeit und den Zusammenhalt im Team und kann eine angenehme Möglichkeit sein, den Teamgeist zu stärken.

Teamgröße: Das Spiel "Bau-Challenge" kann mit verschiedenen Teamgrößen durchgeführt werden. Sie können es mit kleineren Gruppen durchführen, indem Sie weniger Teams bilden, oder es für größere Teams skalieren, indem Sie mehrere Teams bilden.

Dauer: Die Dauer des Spiels hängt von der Komplexität der Bauaufgabe und der Zeit fest, die den Teams zum Bauen gegeben wird. In der Regel dauert das Spiel etwa 30 Minuten bis zu einer Stunde, je nachdem, wie ausführlich die Bauaufgabe ist und wie viel Zeit für die Präsentation und Reflexion eingeplant wird.

1. Vorbereitung:
   - Bereiten Sie vorab Baumaterialien vor, die die Teilnehmer verwenden können, um kreative Konstruktionen zu bauen. Beispiele für Baumaterialien sind Bauklötze, Legosteine, Papier, Stifte, Klebeband, Schere, Plastikbecher, Bastelmaterialien usw.
2. Einführung:
   - Erklären Sie den Teilnehmern das Spiel "Bau-Challenge": Die Teilnehmer werden in Teams aufgeteilt und erhalten die Aufgabe, innerhalb einer bestimmten Zeit eine bestimmte Konstruktion zu bauen. Die Konstruktion kann ein Turm, eine Brücke, ein Fahrzeug, eine Skulptur oder etwas Kreatives sein.
3. Team-Aufteilung:
   - Teilen Sie die Teilnehmer in Teams auf, je nach Anzahl der Teilnehmer und Art des Spiels. Sie können Teams mit gleicher Größe oder unterschiedlichen Größen bilden, je nachdem, wie wettbewerbsfähig oder kollaborativ Sie das Spiel gestalten möchten.
4. Bau-Challenge:
   - Geben Sie den Teams die Bauaufgabe bekannt und legen Sie die Zeit fest, die sie haben, um die Konstruktion zu bauen. Stellen Sie sicher, dass das Material gleichmäßig auf die Teams verteilt wird.
   - Die Teams arbeiten nun gemeinsam daran, ihre Konstruktionen zu bauen. Sie können ihre kreativen Ideen umsetzen und ihre Fähigkeiten und Teamarbeit einsetzen, um das Beste aus den gegebenen Materialien zu machen.
5. Präsentation und Bewertung:
   - Nach Ablauf der Zeit können die Teams ihre Konstruktionen vorstellen. Jedes Team präsentiert ihre Arbeit den anderen Teilnehmern und erklärt ihre Ideen und Inspirationen hinter der Konstruktion.
   - Optional: Sie können eine Bewertungsrunde durchführen, in der die anderen Teilnehmer die Konstruktionen bewerten und Punkte für Kreativität, Funktionalität, Zusammenarbeit usw. vergeben.
6. Reflexion und Diskussion:
   - Nachdem alle Konstruktionen präsentiert wurden, können Sie eine Reflexionsrunde durchführen. Fragen Sie die Teilnehmer nach ihren Erfahrungen während der Bau-Challenge, den Herausforderungen, die sie gemeistert haben, und wie sie als Team zusammengearbeitet haben.

13. INSPIRATIONS-PLAKATE

Bei den "Inspirations-Plakaten" bereiten Sie Plakate oder Kartons für jedes Teammitglied vor und stellen eine Vielzahl von Gestaltungsmaterialien wie Zeitschriften, Farbstifte, Scheren, Kleber, Aufkleber und Glitzer zur Verfügung. Jedes Teammitglied gestaltet ein persönliches Plakat, das seine Persönlichkeit, Interessen und Inspirationen repräsentiert. Die Präsentation der Plakate ermöglicht den anderen Teammitgliedern, ihre Kollegen besser zu verstehen und gemeinsame Interessen oder Verbindungen zu entdecken.

Inspirations-Plakate sind eine kreative und persönliche Art für Teammitglieder, sich selbst auszudrücken und ihre Persönlichkeit und Interessen mit anderen zu teilen. Es fördert die Individualität und die Einzigartigkeit jedes Teammitglieds und unterstützt gleichzeitig die Teambindung, da die Teilnehmer mehr über ihre Kollegen erfahren. Die Aktivität stärkt das Vertrauen und die Offenheit innerhalb des Teams und schafft eine positive Atmosphäre der Wertschätzung und Unterstützung.

Teamgröße: Inspirations-Plakate können in Teams jeder Größe durchgeführt werden. Es eignet sich sowohl für kleine als auch für große Gruppen.

Dauer: Die Dauer hängt von der Anzahl der Teilnehmer und der Zeit, die sie für die Gestaltung und Präsentation ihrer Plakate benötigen, ab. Planen Sie in der Regel etwa 60-90 Minuten für die vollständige Durchführung ein.

Vorbereitung:

- Bereiten Sie ausreichend große Plakate oder Kartons für jedes Teammitglied vor. Stellen Sie auch eine Vielzahl von Materialien zur Verfügung, die für die Gestaltung der Plakate benötigt werden, wie z. B. Zeitschriften, Farbstifte, Scheren, Kleber, Aufkleber, Glitzer usw.

Einführung:

- Erklären Sie den Teilnehmern das Konzept der Inspirations-Plakate: Jedes Teammitglied gestaltet ein persönliches Plakat, das seine Persönlichkeit, Interessen und Inspirationen repräsentiert. Das Plakat dient dazu, die Teammitglieder besser kennenzulernen und eine positive Teamkultur zu fördern.

Team-Aufteilung und Gestaltung:

- Geben Sie jedem Teammitglied ein Plakat und alle Materialien. Lassen Sie sie die Plakate individuell gestalten, indem sie Bilder, Wörter, Zitate und Symbole auswählen, die ihre Persönlichkeit und ihre Leidenschaften widerspiegeln.
- Ermutigen Sie die Teilnehmer, kreativ zu sein und ihre Plakate nach ihren Vorlieben zu gestalten. Es gibt keine richtigen oder falschen Wege, das Plakat zu gestalten – es geht darum, authentisch zu sein und sich selbst auszudrücken.

Präsentation und Erklärung:

- Nachdem die Teilnehmer ihre Inspirations-Plakate gestaltet haben, bitten Sie sie, ihre Plakate der Gruppe vorzustellen. Jedes Teammitglied erklärt, welche Bilder und Worte sie ausgewählt haben und was sie bedeuten.
- Die Präsentation der Plakate ermöglicht den anderen Teammitgliedern, ihre Kollegen besser zu verstehen und ihre gemeinsamen Interessen oder Verbindungen zu entdecken.

Teambindung und Reflexion:

- Nachdem alle Teilnehmer ihre Plakate präsentiert haben, führen Sie eine Reflexionsrunde durch. Fragen Sie die Teilnehmer, wie es sich angefühlt hat, ihre Persönlichkeit und Interessen auf diese Weise zu teilen.
- Ermutigen Sie die Teammitglieder, über mögliche Gemeinsamkeiten oder Verbindungen zwischen den Inspirations-Plakaten zu sprechen. Dies kann dazu beitragen, das Verständnis und die Verbundenheit innerhalb des Teams zu stärken.

14. FOTO-SCHNITZELJAGD

? Für dieses Spiel erstellen Sie eine Liste von verschiedenen Gegenständen, Orten oder Situationen, die die Teilnehmer während des Spiels finden sollen. Die Teilnehmer werden in Teams aufgeteilt und müssen die Gegenstände oder Situationen fotografieren, um Punkte zu sammeln. Nach Ablauf der Zeit werden die Fotos bewertet, und das Team mit den meisten Punkten gewinnt.

Die Foto-Schnitzeljagd ist eine unterhaltsame und kreative Aktivität, die die Teammitglieder dazu ermutigt, zusammenzuarbeiten, ihre Umgebung zu erkunden und ihre fotografischen Fähigkeiten zu nutzen. Es fördert die Teamarbeit, das strategische Denken und die Kreativität im Team und bietet eine abenteuerliche Möglichkeit, den Teamgeist zu stärken. Die Foto-Schnitzeljagd kann sowohl in Innenräumen als auch im Freien durchgeführt werden und eignet sich gut für Teambuilding-Veranstaltungen oder Teamausflüge.

Teamgröße: Die Foto-Schnitzeljagd ist für verschiedene Teamgrößen geeignet. Sie können es mit kleinen Gruppen durchführen, indem Sie weniger Teams bilden, oder es für größere Teams skalieren, indem Sie mehrere Teams bilden.

Dauer: Die Dauer der Foto-Schnitzeljagd hängt von der Anzahl der zu findenden Gegenstände und der gegebenen Zeit ab. In der Regel dauert die Schnitzeljagd etwa 1 bis 2 Stunden, je nachdem, wie viele Gegenstände es gibt und wie viel Zeit den Teams gegeben wird, um sie zu finden.

Anhang D

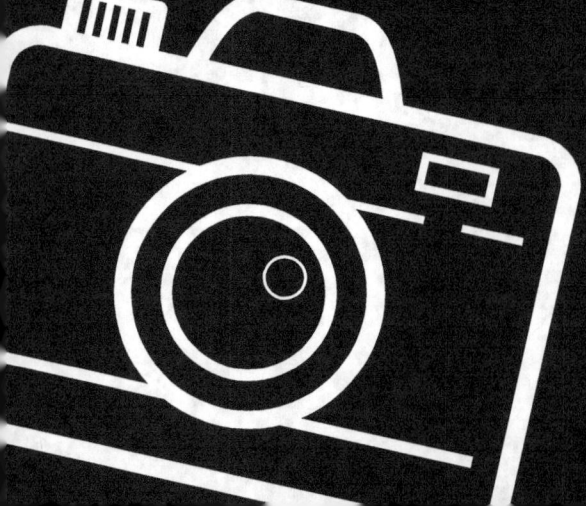

1. Vorbereitung (siehe Anhang D):
   - Erstellen Sie vorab eine Liste von verschiedenen Gegenständen, Orten oder Situationen, die die Teilnehmer während der Foto-Schnitzeljagd finden sollen. Diese Liste kann sowohl allgemeine als auch spezifische Elemente enthalten, je nachdem, welche Herausforderungen Sie den Teilnehmern bieten möchten.
   - Stellen Sie sicher, dass die Teilnehmer Zugriff auf Smartphones oder Digitalkameras haben, um Fotos von den gefundenen Gegenständen machen zu können.
2. Einführung:
   - Erklären Sie den Teilnehmern das Spiel: Die Teilnehmer werden in Teams aufgeteilt und müssen verschiedene Gegenstände oder Situationen aus der vorbereiteten Liste finden und fotografieren, um Punkte zu sammeln.
3. Team-Aufteilung:
   - Teilen Sie die Teilnehmer in Teams auf, je nach Anzahl der Teilnehmer und Art des Spiels. Idealerweise sollten die Teams aus etwa 3 bis 5 Personen bestehen, um eine gute Zusammenarbeit zu ermöglichen.
4. Start der Foto-Schnitzeljagd:
   - Starten Sie die Foto-Schnitzeljagd und geben Sie jedem Team die Liste mit den zu findenden Gegenständen und Situationen. Die Teams haben nun eine bestimmte Zeit, um die Gegenstände zu finden und Fotos von ihnen zu machen.
   - Die Teams können sich frei bewegen, um die Gegenstände zu suchen. Sie sollten jedoch innerhalb eines bestimmten Bereichs oder Geländes bleiben, damit die Jagd überschaubar bleibt.
5. Punktewertung und Siegerehrung:
   - Nach Ablauf der Zeit sammeln Sie die Teams wieder zusammen und bewerten die Fotos. Jedes gefundene Element wird mit Punkten bewertet, und die Punkte der Teams werden addiert.
   - Das Team mit den meisten Punkten ist das Gewinnerteam und kann mit einer kleinen Belohnung oder einem Preis ausgezeichnet werden.
6. Reflexion und Diskussion:
   - Nach der Foto-Schnitzeljagd können Sie eine Reflexionsrunde durchführen. Fragen Sie die Teilnehmer nach ihren Erfahrungen während der Jagd, welche Gegenstände sie besonders herausfordernd fanden und wie sie als Team zusammengearbeitet haben.

15. KOFFER PACKEN

"Kofferpacken" ist ein einfaches Spiel, bei dem die Teilnehmer nacheinander ihren Namen sagen und ein Element nennen, das sie in einen Koffer packen würden. Die Herausforderung besteht darin, sich die Namen und die zuvor genannten Elemente der anderen Teammitglieder zu merken. Das Spiel erfordert keine besondere Vorbereitung und kann in Gruppen jeder Größe gespielt werden. Es bietet eine unterhaltsame Möglichkeit, sich gegenseitig besser kennenzulernen und die Namen und Interessen der Teammitglieder zu behalten.

Es ist ein einfaches, aber effektives Kennenlernspiel, das die Aufmerksamkeit und das Gedächtnis der Teilnehmer fördert. Außerdem ist es eine großartige Möglichkeit, eine lockere und positive Atmosphäre zu schaffen und das Eis in einer neuen Gruppe zu brechen. Das Spiel fördert auch die aktive Zuhörer und stärkt das Teamgefühl, da die Teilnehmer sich bemühen, sich an die Informationen ihrer Teamkollegen zu erinnern.

Teamgröße: Das Spiel "Kofferpacken" kann in Teams jeder Größe gespielt werden. Es ist für Gruppen ab etwa 5 Personen geeignet, da es dann ausreichend Teilnehmer gibt, um die Runde interessant und abwechslungsreich zu gestalten.

Dauer: Die Dauer des Spiels hängt von der Größe der Gruppe ab, aber in der Regel dauert es etwa 10 bis 20 Minuten, um das Spiel durchzuführen. Die Spieldauer kann je nach Anzahl der Teammitglieder und der Länge der Runde variieren. Es ist ratsam, das Spiel nicht zu lange zu spielen, um sicherzustellen, dass es spaßig und engagierend bleibt, ohne dass die Teilnehmer ihre Konzentration verlieren.

1. Vorbereitung:
   - Es sind keine besonderen Vorbereitungen erforderlich. Stellen Sie sicher, dass alle Teammitglieder bequem im Kreis oder um einen Tisch sitzen können.
2. Einführung:
   - Erklären Sie den Teilnehmern das Konzept von "Kofferpacken": Jedes Teammitglied wird nacheinander seinen Namen sagen und ein Element nennen, das es in einen Koffer packen würde. Die Herausforderung besteht darin, sich die Namen und die zuvor genannten Elemente der anderen Teammitglieder zu merken.
3. Team-Aufteilung:
   - Das Spiel kann in Gruppen jeder Größe gespielt werden. Es eignet sich für Teams ab etwa 5 Personen, da es dann ausreichend Abwechslung und Herausforderung bietet.
4. Start des Spiels:
   - Beginnen Sie das Spiel, indem Sie als Spielleiter selbst anfangen. Sagen Sie Ihren Namen und ein Element, das Sie in einen Koffer packen würden (z. B. "Mein Name ist Sarah und ich packe einen Fotoapparat ein").
5. Die Runde fortsetzen:
   - Der nächste Spieler in der Runde sagt seinen Namen und wiederholt das Element, das der vorherige Spieler genannt hat, bevor er sein eigenes Element hinzufügt. (z. B. "Mein Name ist Max, und ich packe einen Fotoapparat und ein Buch ein").
6. Die Spieldauer:
   - Das Spiel kann so lange gespielt werden, wie die Teilnehmer Spaß daran haben. Es bietet eine unterhaltsame Möglichkeit, sich gegenseitig besser kennenzulernen und die Namen und Interessen der Teammitglieder zu merken.

16. GRUPPENZEICHNUNG

"Gruppenzeichnung" ist ein Spiel, bei dem die Teilnehmer in Teams aufgeteilt werden und gemeinsam eine große Zeichnung oder Skizze erstellen müssen, ohne miteinander zu sprechen. Jedes Team erhält eine klare Zeichenanweisung oder ein Bild, das es zeichnen muss. Die Teams müssen ihre Zeichnungen stumm und nur durch nonverbale Kommunikation erstellen. Das Spiel erfordert die Bereitstellung von großen Blättern Papier und Stiften oder Markern für jedes Team. Nachdem die Zeichnungszeit abgelaufen ist, können die Teams ihre Zeichnungen präsentieren und reflektieren, wie sie als stilles Team kommuniziert haben und welche Herausforderungen es gab.

Das Spiel fördert die Teamkommunikation, die Kreativität und die Fähigkeit, zusammenzuarbeiten, ohne sich mündlich abzusprechen. Es erfordert, dass die Teilnehmer ihre nonverbale Kommunikation schärfen und effektive Wege finden, um Ideen und Konzepte zu vermitteln. Das Spiel kann auch das Verständnis der Teilnehmer für die Bedeutung der klaren Kommunikation und Zusammenarbeit im Team stärken.

Teamgröße: Das Spiel "Gruppenzeichnung" ist für verschiedene Teamgrößen geeignet. Sie können es mit kleinen Gruppen durchführen, indem Sie weniger Teams bilden, oder es für größere Teams skalieren, indem Sie mehrere Teams bilden.

Dauer: Die Dauer des Spiels hängt von der Komplexität der Zeichenanweisung und der gegebenen Zeit ab. In der Regel dauert das Spiel etwa 20 bis 40 Minuten, je nachdem, wie viel Zeit den Teams gegeben wird, um ihre Zeichnungen zu erstellen.

1. Vorbereitung:
   - Stellen Sie große Blätter Papier und Stifte oder Marker für jedes Team bereit. Sie können auch eine Tafel oder ein Whiteboard verwenden, wenn es für die Teilnehmer besser geeignet ist.
2. Einführung:
   - Erklären Sie den Teilnehmern das Spiel: Die Teilnehmer werden in Teams aufgeteilt und müssen gemeinsam eine große Zeichnung oder Skizze erstellen, ohne miteinander zu sprechen.
3. Team-Aufteilung:
   - Teilen Sie die Teilnehmer in Teams auf, je nach Anzahl der Teilnehmer und Größe des Papiers oder Boards. Jedes Team sollte aus etwa 3 bis 5 Personen bestehen.
4. Zeichenanweisung:
   - Geben Sie jedem Team eine klare Zeichenanweisung oder ein Bild, das sie zeichnen müssen. Die Anweisung kann einfach sein, wie z. B. eine geometrische Form (Dreieck, Quadrat) oder komplexer, wie z. B. eine Landschaft, ein Gebäude oder eine Situation.
   - Achten Sie darauf, dass die Zeichenanweisungen für jedes Team unterschiedlich sind, um zu verhindern, dass sie voneinander abschauen.
5. Stilles Zeichnen:
   - Erklären Sie den Teilnehmern, dass sie während des Spiels nicht miteinander sprechen dürfen. Die Teams müssen ihre Zeichnungen stumm und nur durch nonverbale Kommunikation erstellen.
6. Reflexion und Diskussion:
   - Nachdem die Zeichnungszeit abgelaufen ist, lassen Sie jedes Team seine Zeichnung präsentieren und erklären, was sie darstellen sollte.
   - Führen Sie eine Reflexionsrunde durch, in der die Teilnehmer über ihre Erfahrungen während des Spiels sprechen können. Fragen Sie nach den Herausforderungen des stummen Zeichnens, wie sie als Team kommuniziert haben und was sie aus dem Spiel gelernt haben.

17. ÜBERLEBENSSZENARIO

?

Dies ist ein Spiel, bei dem die Teilnehmer in Teams aufgeteilt werden und verschiedene Überlebensszenarien erhalten. Jedes Team muss zusammenarbeiten und strategisch entscheiden, welche Gegenstände oder Ressourcen sie in der gegebenen Situation mitnehmen würden. Die Vorbereitung umfasst das Erstellen verschiedener Szenarien und die Bereitstellung von Listen mit möglichen Gegenständen oder Ressourcen. Nachdem die Teams ihre Entscheidungen getroffen haben, präsentieren sie ihre Überlebensstrategie und begründen ihre Entscheidungen. Anschließend können die Teams Fragen stellen oder Feedback geben.

Das Spiel "Überlebensszenario" ist eine anspruchsvolle Aktivität, die die Teammitglieder dazu ermutigt, zusammenzuarbeiten, strategisch zu denken und kreative Lösungen zu finden. Es ermöglicht den Teilnehmern, ihre Problemlösungsfähigkeiten zu verbessern und ihre Teamdynamik zu stärken. Das Spiel kann auch das Bewusstsein für die Bedeutung von Teamarbeit und Zusammenarbeit in herausfordernden Situationen schärfen und die Teilnehmer dazu ermutigen, ihre Fähigkeiten zur Bewältigung von Schwierigkeiten zu nutzen.

Teamgröße: Das Spiel "Überlebensszenario" ist für verschiedene Teamgrößen geeignet. Sie können es mit kleinen Gruppen durchführen, indem Sie weniger Teams bilden, oder es für größere Teams skalieren, indem Sie mehrere Teams bilden.

Dauer: Die Dauer des Spiels hängt von der Anzahl der Szenarien und der Zeit ab, die den Teams gegeben wird, um ihre Überlebensstrategien zu entwickeln. In der Regel dauert das Spiel etwa 30 bis 60 Minuten, je nachdem, wie viele Szenarien es gibt und wie ausführlich die Diskussionen sind.

Vorbereitung:

- Bereiten Sie vorab verschiedene Szenarien vor, in denen die Teilnehmer vor eine Herausforderung gestellt werden. Die Szenarien können Situationen darstellen, in denen sie sich in einer Überlebenssituation befinden, z. B. gestrandet auf einer einsamen Insel, in der Wildnis oder in einem anderen herausfordernden Umfeld.

Einführung:

- Erklären Sie den Teilnehmern das Spiel: Die Teilnehmer werden in Teams aufgeteilt und erhalten ein bestimmtes Überlebensszenario. Jedes Team muss zusammenarbeiten und strategisch entscheiden, welche Gegenstände oder Ressourcen sie mitnehmen würden, um die Herausforderungen der Situation zu bewältigen.

Team-Aufteilung:

- Teilen Sie die Teilnehmer in Teams auf, je nach Anzahl der Teilnehmer und Anzahl der vorbereiteten Szenarien. Jedes Team sollte aus etwa 3 bis 5 Personen bestehen.

Überlebensszenario:

- Geben Sie jedem Team ein bestimmtes Überlebensszenario und eine Liste von Gegenständen oder Ressourcen, die sie möglicherweise haben könnten. Die Teams müssen entscheiden, welche Gegenstände für ihre Überlebenssituation am wichtigsten sind und ihre Entscheidungen begründen.

Präsentation und Diskussion:

- Nachdem die Teams ihre Entscheidungen getroffen haben, lassen Sie jedes Team ihre Überlebensstrategie präsentieren. Sie können ihre Entscheidungen erläutern und ihre Überlegungen teilen, warum sie bestimmte Gegenstände ausgewählt haben.
- Nach jeder Präsentation können die anderen Teams Fragen stellen oder Feedback geben.

Reflexion und Diskussion:

- Führen Sie eine Reflexionsrunde durch, in der die Teilnehmer über ihre Erfahrungen während des Spiels sprechen können. Fragen Sie die Teilnehmer nach den Herausforderungen der Überlebensszenarien, wie sie als Team zusammengearbeitet haben und welche Fähigkeiten sie als wichtig erachtet haben, um in einer Überlebenssituation erfolgreich zu sein.

18. SPEED DATING

"Speed Dating" ist ein Spiel, bei dem die Teilnehmer kurze Gespräche (2-3 Minuten) mit verschiedenen Teilnehmern führen, um sich kennenzulernen. Es werden interessante Fragen vorbereitet, um das Gespräch zu erleichtern. Die Teilnehmer sitzen in einem großen Kreis oder entlang einer geraden Linie. Nach Ablauf der Zeit wechseln die Gesprächspartner zum nächsten Partner. Das Ziel ist es, möglichst viele andere Teilnehmer in kurzer Zeit kennenzulernen.

Speed Dating ist eine unterhaltsame und effektive Methode, um die Teilnehmer auf lockere und spielerische Weise miteinander interagieren zu lassen. Es fördert den schnellen Austausch von Informationen und das Kennenlernen verschiedener Teammitglieder. Es ist wichtig, dass die Fragen und Gesprächsthemen so gestaltet sind, dass sie die Teammitglieder ermutigen, sich offen auszutauschen und einander besser kennenzulernen. Speed Dating kann eine großartige Teambuilding-Aktivität sein, die das Vertrauen und die Kommunikationsfähigkeiten innerhalb des Teams stärkt.

Teamgröße: Speed Dating kann mit einer beliebigen Anzahl von Teilnehmern gespielt werden, solange die Teilnehmerzahl eine gerade Zahl ist.

Dauer: Die Dauer des Spiels hängt von der Anzahl der Teilnehmer ab. Als Faustregel können Sie etwa 2-3 Minuten pro Runde einplanen. Wenn Sie 10 Teilnehmer haben, würde das Speed Dating etwa 20-30 Minuten dauern.

Anhang C

1. Vorbereitung (siehe Anhang C):
   - Bereiten Sie im Voraus eine Liste von interessanten Fragen vor, die den Teilnehmern helfen, sich kennenzulernen. Stellen Sie sicher, dass die Fragen offen und nicht zu persönlich sind, um ein angenehmes Gespräch zu fördern.
   - Platzieren Sie Stühle oder Tische in einem großen Kreis oder entlang einer geraden Linie, je nachdem, wie Sie das Speed Dating organisieren möchten. Jeder Stuhl oder Tisch sollte für zwei Personen ausreichen, die sich gegenübersitzen können.
2. Einführung:
   - Erklären Sie den Teilnehmern das Konzept des Speed Dating: Jeder Teilnehmer hat kurze Gespräche (2-3 Minuten) mit anderen Teilnehmern, um sich gegenseitig kennenzulernen. Nach Ablauf der Zeit wird ein Signal gegeben, und die Teilnehmer wechseln zum nächsten Partner.
   - Betonen Sie, dass das Ziel des Spiels darin besteht, so viele andere Teilnehmer wie möglich kennenzulernen und in kurzer Zeit eine positive und offene Interaktion zu haben.
3. Team-Aufteilung:
   - Speed Dating kann mit einer beliebigen Anzahl von Teilnehmern gespielt werden. Es ist jedoch ratsam, dass die Teilnehmerzahl eine gerade Zahl ist, damit alle Teilnehmer in jeder Runde einen Gesprächspartner haben.
4. Speed Dating durchführen:
   - Jeder Teilnehmer setzt sich an einen der Stühle oder Tische. Eine Person beginnt als Gesprächspartner A, und die andere Person als Gesprächspartner B. Geben Sie ein Signal (z. B. eine Glocke oder ein akustisches Signal), um das Gespräch zu starten.
   - Die Teilnehmer haben nun 2-3 Minuten Zeit, um miteinander zu sprechen. Gesprächspartner A stellt eine Frage von der vorbereiteten Liste oder ein eigenes Thema vor, über das beide sprechen können.
   - Nach Ablauf der Zeit gibt das Signal an, dass die Gesprächspartner wechseln müssen. Gesprächspartner A bleibt am Tisch oder Stuhl sitzen, und Gesprächspartner B bewegt sich zum nächsten Tisch oder Stuhl.
   - Dies wird in mehreren Runden wiederholt, bis alle Teilnehmer die Gelegenheit hatten, miteinander zu sprechen.

5. Reflexion und Diskussion:
   - Nachdem alle Runden abgeschlossen sind, können die Teilnehmer eine kurze Reflexion durchführen. Fragen Sie die Teilnehmer, welche interessanten Gespräche sie geführt haben und welche neuen Informationen sie über ihre Teamkollegen erfahren haben.

19. EMOJI EISBRECHER

 "Emoji-Eisbrecher" ist ein Spiel, bei dem die Teilnehmer ein Emoji auswählen, das ihre derzeitige Stimmung am besten beschreibt, und der Gruppe mitteilen, warum sie sich so fühlen. Es werden eine Liste von Emojis oder eine Emoji-Auswahl bereitgestellt. Die Teilnehmer stellen sich im Kreis auf und zeigen nacheinander ihre Emojis, während sie ihre Gedanken teilen.

Emoji-Eisbrecher ist eine kreative und unterhaltsame Möglichkeit, die aktuelle Stimmung und Gefühle der Teammitglieder zu erkunden und das Eis zu brechen. Es fördert eine offene Kommunikation und schafft eine empathische Umgebung, in der die Teammitglieder sich verstanden und unterstützt fühlen. Achten Sie darauf, dass der Fokus auf gegenseitiger Wertschätzung und respektvoller Interaktion liegt, um eine positive Teambuilding-Erfahrung zu gewährleisten.

 Teamgröße: Emoji-Eisbrecher kann mit beliebig vielen Teilnehmern gespielt werden. Es ist für Teams jeder Größe geeignet.

 Dauer: Die Dauer des Emoji-Eisbrechers hängt von der Anzahl der Teilnehmer ab. Je nach Teamgröße und Tiefe der Reflexion dauert das Spiel in der Regel etwa 15-30 Minuten.

Anhang E

1. Vorbereitung (siehe Anhang E):
   - Bereiten Sie im Voraus eine Liste von gängigen Emojis vor oder stellen Sie sicher, dass die Teilnehmer Zugriff auf eine Emoji-Auswahl haben, um ihre derzeitige Stimmung auszudrücken.
2. Einführung:
   - Erklären Sie den Teilnehmern das Konzept des Emoji-Eisbrechers: Jedes Teammitglied wählt ein Emoji aus, das am besten seine aktuelle Stimmung beschreibt. Anschließend teilt jeder Teilnehmer der Gruppe mit, warum er dieses Emoji gewählt hat.
3. Team-Aufteilung:
   - Lassen Sie die Teilnehmer sich im Kreis oder in einer halbkreisförmigen Anordnung aufstellen, so dass sie sich gut sehen und hören können.
4. Emoji-Auswahl und Vorstellung:
   - Jedes Teammitglied wählt ein Emoji aus, das seine derzeitige Stimmung am besten widerspiegelt. Es kann ein freudiges, trauriges, überraschtes, gestresstes oder jedes andere passende Emoji sein.
   - Beginnen Sie mit einem Freiwilligen und geben Sie ihm das Wort. Der Teilnehmer zeigt sein Emoji der Gruppe und erklärt kurz, warum er sich so fühlt oder welche Situation oder Ereignisse seine Stimmung beeinflussen.
   - Fahren Sie in einer Reihenfolge fort, entweder im Uhrzeigersinn oder durch zufällige Auswahl, damit jeder Teilnehmer die Gelegenheit hat, sein Emoji zu zeigen und seine Gedanken zu teilen.
5. Reflexion und Diskussion:
   - Nachdem alle Teilnehmer ihre Emojis vorgestellt haben, führen Sie eine kurze Reflexion durch. Fragen Sie die Teilnehmer, wie es sich angefühlt hat, ihre Stimmung mit Emojis auszudrücken und ihre Gefühle mit der Gruppe zu teilen.
   - Ermutigen Sie die Teilnehmer, auf die Emojis und Geschichten ihrer Teamkollegen einzugehen. Dies kann zu einer positiven und unterstützenden Atmosphäre führen, in der sich die Teammitglieder verstanden und verbunden fühlen.

20. ESCAPE ROOM CHALLENGE

 "Escape Room Challenge" ist ein Spiel, bei dem die Teilnehmer in Teams aufgeteilt werden und eine Reihe von Rätseln, Codes und Herausforderungen lösen müssen, um aus einem physischen Escape-Raum zu entkommen. Die Teilnehmer müssen gut zusammenarbeiten, um die Rätsel zu knacken und die Hinweise zu finden. Das Gewinnerteam ist dasjenige, das als erstes erfolgreich entkommt.

Das Spiel "Escape Room Challenge" ist eine aufregende und spannende Aktivität, die die Teamarbeit, das kreative Denken und die Problemlösungsfähigkeiten der Teammitglieder fördert. Es ermöglicht den Teilnehmern, ihre Zusammenarbeit unter Zeitdruck zu verbessern und ihre Stärken und Fähigkeiten als Team einzusetzen. Das Spiel kann auch das Verständnis der Teilnehmer für die Bedeutung von Kommunikation und Zusammenarbeit stärken, da sie gemeinsam Rätsel lösen und Hindernisse überwinden, um ihr Ziel zu erreichen.

 Teamgröße: Das Spiel "Escape Room Challenge" ist für verschiedene Teamgrößen geeignet. Sie können es mit kleinen Gruppen durchführen, indem Sie weniger Teams bilden, oder es für größere Teams skalieren, indem Sie mehrere Teams bilden.

 Dauer: Die Dauer des Spiels hängt von der Komplexität der Rätsel und der gegebenen Zeit ab. In der Regel dauert das Spiel etwa 1 bis 2 Stunden, je nachdem, wie viele Rätsel es gibt und wie viel Zeit den Teams gegeben wird, um sie zu lösen.

Anhang F

1. Vorbereitung (siehe Anhang F):
   - Erstellen Sie vorab ein Escape-Room-Szenario mit einer Reihe von Rätseln, Codes und Herausforderungen. Sie können ein physisches Escape-Room-Spiel in einem Raum oder in der freien Natur erstellen.
   - Stellen Sie sicher, dass Sie alle benötigten Rätselmaterialien vorbereiten und bereitstellen.
2. Einführung:
   - Erklären Sie den Teilnehmern das Spiel "Escape Room Challenge": Die Teilnehmer werden in Teams aufgeteilt und müssen gemeinsam eine Reihe von Rätseln, Codes und Herausforderungen lösen, um aus dem Escape-Raum zu entkommen.
3. Team-Aufteilung:
   - Teilen Sie die Teilnehmer in Teams auf, je nach Anzahl der Teilnehmer und Größe des Escape-Raums. Idealerweise sollten die Teams aus etwa 3 bis 5 Personen bestehen.
4. Escape Room Challenge:
   - Starten Sie die Escape Room Challenge und geben Sie jedem Team eine bestimmte Zeit, um die Rätsel und Herausforderungen zu lösen und aus dem Raum zu entkommen.
   - Die Teams müssen gut zusammenarbeiten, um die Rätsel zu knacken, die Codes zu entschlüsseln und die versteckten Hinweise zu finden, um voranzukommen.
5. Lösung und Siegerehrung:
   - Nach Ablauf der Zeit sammeln Sie die Teams wieder zusammen und besprechen gemeinsam die Lösungen der Rätsel und Herausforderungen.
   - Das Team, das als erstes erfolgreich aus dem Escape-Raum entkommt, ist das Gewinnerteam.
6. Reflexion und Diskussion:
   - Führen Sie eine Reflexionsrunde durch, nachdem das Spiel abgeschlossen ist. Fragen Sie die Teilnehmer nach ihren Erfahrungen während der Escape Room Challenge, wie sie als Team zusammengearbeitet haben und welche Rätsel sie besonders herausfordernd fanden.

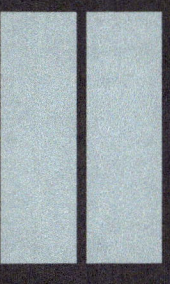

SPIELE ZUM AUFBAUEN VON VERTRAUEN

21. VERTRAUENSKREIS

"Vertrauenskreis" ist ein einfaches Spiel, bei dem die Teilnehmer einen geschlossenen Kreis bilden und sich rückwärts in die Mitte des Kreises fallen lassen, um zu spüren, dass sie von ihren Teamkollegen sicher aufgefangen werden. Das Spiel fördert das Vertrauen und die Verbundenheit in der Gruppe. Es erfordert nur minimale Vorbereitung und kann mit Teams jeder Größe durchgeführt werden.

Das Spiel ist eine einfache, aber wirksame Aktivität, um das Vertrauen innerhalb eines Teams zu stärken. Es ermutigt die Teilnehmer, sich aufeinander zu verlassen und sich sicher zu fühlen, während sie sich gegenseitig unterstützen. Stellen Sie sicher, dass alle Teilnehmer sich wohl und sicher fühlen, und betonen Sie die Bedeutung der Kommunikation und des Respekts während des Spiels.

Teamgröße: Das Spiel "Vertrauenskreis" kann mit Teams jeder Größe durchgeführt werden, ab etwa 5 Personen. Es ist jedoch ratsam, dass das Team groß genug ist, um den Kreis sicher zu bilden, aber auch nicht zu groß, um die individuelle Aufmerksamkeit und Sicherheit zu gewährleisten. In größeren Gruppen ist es möglicherweise sinnvoll, das Spiel in kleinere Teams aufzuteilen.

Dauer: Die Dauer des Spiels hängt von der Größe des Teams ab. In der Regel dauert das Spiel etwa 10 bis 20 Minuten, abhängig von der Anzahl der Teilnehmer und wie oft jeder im Kreis fallen gelassen wird.

1. Vorbereitung:
   - Das Spiel "Vertrauenskreis" erfordert nur minimale Vorbereitung. Stellen Sie sicher, dass genügend Platz im Raum vorhanden ist, um einen Kreis zu bilden, in dem die Teilnehmer sicher fallen und aufgefangen werden können.
2. Einführung:
   - Erklären Sie den Teilnehmern das Spiel "Vertrauenskreis": Die Teilnehmer bilden einen Kreis und lassen sich rückwärts in die Arme ihrer Teamkollegen fallen, um zu spüren, dass sie aufgefangen werden. Dieses Spiel fördert das Vertrauen und die Verbundenheit in der Gruppe.
3. Team-Aufteilung:
   - Das Spiel "Vertrauenskreis" kann mit Teams jeder Größe durchgeführt werden, ab etwa 5 Personen. Wenn die Gruppe sehr groß ist, kann es sinnvoll sein, sie in kleinere Teams aufzuteilen, um die Sicherheit und das Vertrauen zu gewährleisten.
4. Kreisbildung:
   - Stellen Sie sicher, dass alle Teilnehmer im Raum stehen und sich zu einem geschlossenen Kreis formieren. Die Teilnehmer sollten sich mit ausgestreckten Armen an den Händen fassen und sich so aufstellen, dass sie sich gegenseitig gut sehen können.
5. Rückwärtsfallen:
   - Ein Teilnehmer beginnt, sich in die Mitte des Kreises zu stellen und sich rückwärts in die Mitte des Kreises fallen zu lassen, während die anderen Teammitglieder ihn aufmerksam und achtsam auf seinen Fall vorbereiten.
   - Die anderen Teilnehmer im Kreis sollten ihre Arme nach außen ausstrecken und bereit sein, den Fallenden sanft aufzufangen.
6. Aufgefangen werden:
   - Der Fallende sollte sich entspannen und vertrauen, dass seine Teamkollegen ihn sicher auffangen werden. Die anderen Teilnehmer achten darauf, den Fallenden gleichmäßig und sicher zu halten, um Verletzungen zu vermeiden.

7. Wiederholung:
   ○ Nachdem der erste Teilnehmer aufgefangen wurde, kann der nächste Teilnehmer im Kreis in die Mitte gehen und sich rückwärts fallen lassen. Dies wird nacheinander von jedem Teammitglied wiederholt.
8. Reflexion und Diskussion:
   ○ Führen Sie nach Abschluss des Vertrauenskreises eine Reflexionsrunde durch. Fragen Sie die Teilnehmer, wie sie sich gefühlt haben, als sie sich fallen ließen und aufgefangen wurden. Ermutigen Sie sie, ihre Erfahrungen und Emotionen zu teilen.

22. GEFÜHRTE BLINDWANDERUNG

? Die Geführte Blindwanderung ist ein Vertrauensspiel, bei dem ein Teilnehmer blind ist und von einem anderen Teammitglied durch einen Hindernisparcours geführt wird. Die Paare müssen sich aufeinander verlassen und effektiv kommunizieren, um die Strecke sicher zu bewältigen.

Die Geführte Blindwanderung ist eine lehrreiche Aktivität, die das Vertrauen, die Kommunikation und die Empathie zwischen den Teammitgliedern stärkt. Sie ermutigt die Teilnehmer, aufeinander zu achten, aufeinander zu hören und sich auf ihre Teamkollegen zu verlassen. Es ist wichtig, dass der Führer verantwortungsbewusst handelt und klare Anweisungen gibt, um den Blinden sicher durch die Strecke zu führen. Diese Aktivität sollte mit Rücksicht auf die Sicherheit aller Teilnehmer durchgeführt werden.

 **Teamgröße:** Das Spiel "Geführte Blindwanderung" wird in Paaren gespielt, wobei jedes Paar aus einem Blinden und einem Führer besteht. Sie können es mit kleinen oder großen Gruppen durchführen, indem Sie entsprechend viele Paare bilden.

 **Dauer:** Die Dauer des Spiels hängt von der Länge der Strecke oder des Hindernisparcours ab und wie viel Zeit den Paaren gegeben wird, um die Wanderung zu absolvieren. In der Regel dauert das Spiel etwa 20 bis 30 Minuten.

1. Vorbereitung:
   - Für die Geführte Blindwanderung benötigen Sie eine Gruppe von Teilnehmern und ein Gelände, auf dem die Wanderung stattfinden kann. Stellen Sie sicher, dass das Gelände sicher ist und keine gefährlichen Hindernisse aufweist.
2. Einführung:
   - Erklären Sie den Teilnehmern das Spiel: Ein Teilnehmer ist blind und wird von einem anderen Teammitglied geführt. Der Blinde muss dem Führer vertrauen, um sicher durch ein Hindernisparcours oder eine vorher festgelegte Strecke zu gelangen.
3. Team-Aufteilung:
   - Teilen Sie die Teilnehmer in Paare auf, wobei jedes Paar aus einem Blinden und einem Führer besteht. Sie können auch größere Gruppen in mehrere Paare aufteilen, um die Aktivität effizienter zu gestalten.
4. Rollenverteilung:
   - Jedes Paar entscheidet, wer der Blinde und wer der Führer ist. Der Blinde wird die Augen verbunden haben, um nichts sehen zu können.
5. Startpunkt und Strecke:
   - Legen Sie einen Startpunkt fest, von dem aus die Blindwanderung beginnt. Erklären Sie die Strecke oder den Hindernisparcours, den die Paare zurücklegen müssen. Die Strecke kann Kurven, Hügel, Gras, Kies oder andere Geländearten enthalten.
6. Start der Wanderung:
   - Der Blinde wird die Augen verbunden haben, und der Führer steht ihm zur Seite. Der Führer erklärt dem Blinden, dass er sie sicher durch die Strecke führen wird.
7. Vertrauenswanderung:
   - Die Paare beginnen die Wanderung, wobei der Blinde den Anweisungen des Führers vertraut und darauf vertraut, dass dieser sie sicher durch die Strecke führt. Der Führer sollte klare und beruhigende Anweisungen geben.

8. Hindernisse umgehen:
   - Wenn Hindernisse auftreten, muss der Führer den Blinden sicher hindurchführen. Der Blinde muss seinem Führer vertrauen, dass er ihn sicher durch jedes Hindernis führt.
9. Zielpunkt erreichen:
   - Ziel der Wanderung ist es, sicher den Zielpunkt zu erreichen, ohne dass der Blinde stolpert oder fällt.
10. Reflexion und Diskussion:
    - Nach Abschluss der Wanderung versammeln sich alle Teilnehmer, um ihre Erfahrungen zu teilen. Fragen Sie die Teilnehmer, wie sie sich gefühlt haben, als sie geblendet waren oder jemanden geführt haben. Ermutigen Sie sie, ihre Erfahrungen, Gefühle und Herausforderungen zu teilen.

23. STILLE VORSTELLUNG

Die "Stille Vorstellung" ist eine kreative und nonverbale Methode, bei der Teilnehmer sich gegenseitig durch Gesten, Mimik und Körpersprache vorstellen. Dieses besondere Kennenlernspiel ermöglicht es den Teilnehmern, ihre Persönlichkeit, Interessen und Hobbys auf eine einzigartige Weise auszudrücken, ohne dabei ein einziges Wort zu sprechen.

Es schafft eine einzigartige und unterhaltsame Möglichkeit für die Teilnehmer, sich kennenzulernen, ohne Worte zu verwenden. Es fördert aktives Zuhören, Beobachtung und Teaminteraktion auf eine unkonventionelle und inspirierende Weise.

Teamgröße: Die Größe der Gruppe kann variieren, eignet sich jedoch am besten für mittelgroße bis große Teams von etwa 10 bis 30 Personen.

Dauer: Die Dauer des Spiels hängt von der Anzahl der Teilnehmer ab, da jeder Teilnehmer einzeln agiert. In der Regel dauert es etwa 20-30 Minuten, um sicherzustellen, dass jeder ausreichend Zeit hat, sich auf kreative Weise vorzustellen.

1. **Vorbereitung**:
   - Bitten Sie die Teilnehmer, sich im Raum zu verteilen.
   - Stellen Sie sicher, dass genügend Platz für die Teilnehmer vorhanden ist, um sich zu bewegen und sichtbar zu sein.
2. **Einführung**:
   - Erklären Sie den Teilnehmern das Spiel "Stille Vorstellung": Sie werden nacheinander aufstehen und sich durch Gesten, Mimik und Körpersprache vorstellen, ohne dabei ein Wort zu sprechen.
3. **Vorstellungsrunde**:
   - Der erste Teilnehmer steht auf und beginnt, sich auf nonverbale Weise vorzustellen. Dies kann beinhalten: Zeigen von Hobbys, Lieblingsbüchern, -filmen oder -aktivitäten, Darstellen von Charaktereigenschaften oder Interessen, die sie repräsentieren.
   - Die anderen Teilnehmer beobachten aufmerksam und versuchen zu interpretieren, was der Teilnehmer darstellt.
4. **Wechsel**:
   - Nachdem der erste Teilnehmer fertig ist, setzt er sich wieder hin, und der nächste Teilnehmer steht auf und wiederholt den Vorgang.
5. **Fortsetzung**:
   - Das Spiel geht weiter, bis jeder Teilnehmer sich auf diese stille Weise vorgestellt hat.
6. **Reflexion**:
   - Nachdem alle Teilnehmer ihre stille Vorstellung abgeschlossen haben, können Sie eine offene Diskussion darüber führen, wie die Teilnehmer die Vorstellungen interpretiert haben. Dies kann zu einer interessanten und humorvollen Diskussion führen.

24. BEZIEHUNGSNETZ

Das Spiel "Beziehungsnetz" ist eine Aktivität, bei der die Teilnehmer in einem Kreis stehen und eine Schnur werfen, während sie positive Aussagen über ihre Teamkollegen machen. Jeder sagt etwas Schmeichelhaftes über eine andere Person und wirft ihr dabei die Schnur zu, bis ein Netz aus positiven Verbindungen entsteht. Das Spiel fördert positive Beziehungen und stärkt das Teamgefühl.

Das "Beziehungsnetz" ist eine herzliche Aktivität, die die Verbindung und das Vertrauen innerhalb eines Teams stärkt. Es ermutigt die Teilnehmer, positive Aussagen über ihre Teamkollegen zu machen und die gegenseitige Wertschätzung zu fördern. Das entstehende Netz symbolisiert die positiven Beziehungen und Verbundenheit innerhalb des Teams. Es ist wichtig, dass alle Aussagen respektvoll und ehrlich sind, um ein positives Teambuilding-Erlebnis zu gewährleisten.

Teamgröße: Das Spiel "Beziehungsnetz" kann mit Teams jeder Größe durchgeführt werden. Es eignet sich sowohl für kleine als auch große Gruppen.

Dauer: Die Dauer des Spiels hängt von der Größe der Gruppe ab. In der Regel dauert das Spiel etwa 20 bis 30 Minuten, abhängig von der Anzahl der Teilnehmer und wie oft jeder die Schnur weiterwirft.

1. Vorbereitung:
   - Für das Spiel "Beziehungsnetz" benötigen Sie ausreichend Platz, um die Teilnehmer im Raum oder im Freien in einem Kreis aufzustellen. Stellen Sie sicher, dass genügend Platz vorhanden ist, damit die Teilnehmer sich frei bewegen können.
2. Einführung:
   - Erklären Sie den Teilnehmern das "Beziehungsnetz": Die Teilnehmer stehen in einem Kreis. Jeder sagt etwas Positives über eine andere Person im Kreis und wirft ihr dabei die Schnur zu, bis ein Netz entsteht.
3. Team-Aufteilung:
   - Stellen Sie sicher, dass alle Teilnehmer im Raum sind und bilden Sie einen geschlossenen Kreis.
4. Schnur verteilen:
   - Geben Sie jedem Teilnehmer eine Schnur oder ein Band von ausreichender Länge. Die Schnüre sollten nicht zu kurz sein, damit sie leicht von einer Person zur anderen geworfen werden können. Sie können auch ein ganzes Kneuel nehmen, welches von Person zu Person geworfen wird.
5. Positive Aussagen:
   - Beginnen Sie das Spiel, indem Sie den ersten Teilnehmer im Kreis auswählen. Diese Person denkt sich etwas Positives oder Schmeichelhaftes über eine andere Person im Kreis aus und sagt dann ihren Namen laut.
6. Schnur zuwerfen:
   - Der Teilnehmer wirft die Schnur oder das Band zu der Person, über die er etwas Positives gesagt hat. Die geworfene Schnur sollte dabei festgehalten werden, damit sie sich nicht entwirrt.
7. Nächster Teilnehmer:
   - Die Person, die die Schnur erhalten hat, wiederholt den Schritt und sagt etwas Positives über eine andere Person im Kreis. Dann wirft sie die Schnur weiter zu dieser Person.
8. Fortsetzen des Spiels:
   - Das Spiel geht weiter, bis alle Teilnehmer mindestens einmal die Möglichkeit hatten, etwas Positives über eine andere Person zu sagen und die Schnur weiterzuwerfen.

9. Entstehung des Beziehungsnetzes:
   - Wenn das Spiel voranschreitet, entsteht ein immer dichter werdendes Netzwerk aus Schnüren, die die positiven Verbindungen zwischen den Teilnehmern symbolisieren.
10. Reflexion und Diskussion:
   - Nach Abschluss des Beziehungsnetzes versammeln sich alle Teilnehmer, um ihre Erfahrungen zu teilen. Fragen Sie die Teilnehmer, wie sie sich gefühlt haben, als sie positive Aussagen gemacht und die Schnur weitergeworfen haben. Ermutigen Sie sie, ihre Erfahrungen und Empfindungen zu teilen.

25. VERTRAUENSFALL

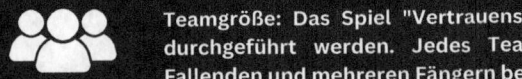

Das Spiel "Vertrauensfall" erfordert ausreichend Platz im Freien oder in einem großen Raum, in dem die Teilnehmer sicher fallen und aufgefangen werden können. Ein Teilnehmer steht auf einem erhöhten Punkt und fällt rückwärts in die Arme seiner Teamkollegen, die ihn sicher auf den Boden sinken lassen. Das Spiel fördert Vertrauen und Zusammenarbeit, da die Teilnehmer lernen, sich aufeinander zu verlassen und sich gegenseitig zu unterstützen.

Der Vertrauensfall ist eine kraftvolle Aktivität, die das Vertrauen, die Zusammenarbeit und die Unterstützung innerhalb eines Teams stärkt. Es ermutigt die Teilnehmer, aufeinander zu achten und sich auf ihre Teamkollegen zu verlassen. Es ist wichtig, dass die Aufpasser verantwortungsbewusst handeln und den Fallenden sicher auffangen, um ein positives Teambuilding-Erlebnis zu gewährleisten. Die Sicherheit aller Teilnehmer sollte während des Spiels oberste Priorität haben.

Teamgröße: Das Spiel "Vertrauensfall" kann mit Teams jeder Größe durchgeführt werden. Jedes Team sollte aus mindestens einem Fallenden und mehreren Fängern bestehen.

Dauer: Die Dauer des Spiels hängt von der Anzahl der Teilnehmer ab und wie oft jeder die Rolle des Fallenden übernimmt. In der Regel dauert das Spiel etwa 20 bis 30 Minuten.

1. Vorbereitung:
   - Für das Spiel "Vertrauensfall" benötigen Sie ausreichend Platz im Freien oder in einem großen Raum, in dem die Teilnehmer sicher fallen und aufgefangen werden können. Stellen Sie sicher, dass der Bereich frei von Hindernissen ist und genügend Platz für die Teilnehmer vorhanden ist. Nutzen Sie ggf. Matten zur Sicherheit.
2. Einführung:
   - Erklären Sie den Teilnehmern das Spiel "Vertrauensfall": Ein Teilnehmer steht auf einem erhöhten Punkt und fällt rückwärts in die Arme seiner Teamkollegen, die ihn sicher auf den Boden sinken lassen.
3. Team-Aufteilung:
   - Teilen Sie die Teilnehmer in Gruppen auf, wobei jede Gruppe aus einem Fallenden und mehreren Aufpassern besteht. Es ist wichtig, dass ausreichend Aufpasser vorhanden sind, um den Fallenden sicher aufzufangen.
4. Erhöhter Punkt:
   - Wählen Sie einen erhöhten Punkt, von dem der Teilnehmer fallen wird. Dies kann ein niedrigeres Podest, ein stabiler Stuhl oder eine Plattform sein.
5. Aufpasser positionieren:
   - Die Aufpasser stellen sich um den erhöhten Punkt herum und breiten ihre Arme aus, um den Fallenden sicher aufzufangen.
6. Vertrauensfall:
   - Der Teilnehmer, der fällt, steht auf dem erhöhten Punkt und dreht sich so, dass er seinen Rücken zu den Aufpassern hat. Er entspannt seinen Körper und fällt rückwärts in die Arme der Aufpasser.
7. Sicherer Fall:
   - Die Aufpasser achten darauf, den Fallenden gleichmäßig und sanft abzufangen, um Verletzungen zu vermeiden. Sie halten ihn sicher, bis er wieder auf den Beinen steht.
8. Wechsel der Rollen:
   - Nachdem ein Teilnehmer gefallen und sicher aufgefangen wurde, kann ein anderer Teilnehmer die Rolle des Fallenden übernehmen, und die vorherigen Aufpasser können nun fallen.

9. Reflexion und Diskussion:

- Nachdem alle Teilnehmer den Vertrauensfall erlebt haben, versammeln sich alle, um ihre Erfahrungen zu teilen. Fragen Sie die Teilnehmer, wie sie sich gefühlt haben, als sie gefallen oder aufgefangen wurden. Ermutigen Sie sie, ihre Erfahrungen, Gefühle und Herausforderungen zu teilen.

26. SPIEGELBILD

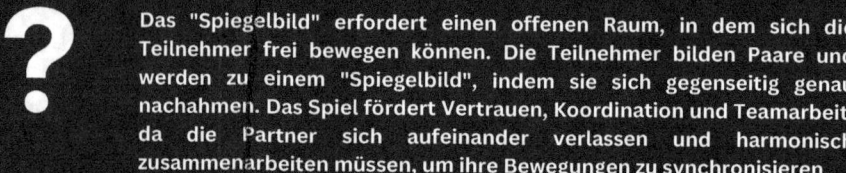

Das "Spiegelbild" erfordert einen offenen Raum, in dem sich die Teilnehmer frei bewegen können. Die Teilnehmer bilden Paare und werden zu einem "Spiegelbild", indem sie sich gegenseitig genau nachahmen. Das Spiel fördert Vertrauen, Koordination und Teamarbeit, da die Partner sich aufeinander verlassen und harmonisch zusammenarbeiten müssen, um ihre Bewegungen zu synchronisieren.

Es ist eine unkonventionelle, aber kreative Möglichkeit, das Vertrauen und die Teamdynamik zu stärken. Außerdem erfordert es, dass die Teilnehmer aufeinander achten, auf ihre Bewegungen reagieren und sich aufeinander abstimmen. Durch das Spiegeln von Bewegungen können die Teammitglieder eine tiefere Verbindung herstellen und lernen, sich aufeinander zu verlassen. Stellen Sie sicher, dass das Spiel in einem sicheren und unterstützenden Umfeld durchgeführt wird, um eine positive Erfahrung zu gewährleisten.

Teamgröße: Das Spiel wird in Paaren gespielt, daher sollte die Teamgröße aus einer geraden Anzahl von Teilnehmern bestehen, um sicherzustellen, dass niemand alleine bleibt. Es eignet sich für Gruppen ab etwa 6 Personen und ist auch mit größeren Teams möglich.

Dauer: Die Dauer des Spiels hängt von der Größe der Gruppe und der gewählten Bewegungen ab. In der Regel dauert eine Runde, in der beide Partner die Gelegenheit haben, sich gegenseitig zu spiegeln, etwa 5-10 Minuten. Wenn Sie Variationen oder komplexere Bewegungen hinzufügen, kann die Spieldauer entsprechend verlängert werden.

1. Vorbereitung:
   - Für dieses außergewöhnliche Vertrauensspiel werden Sie einen offenen Raum benötigen, in dem sich die Teilnehmer frei bewegen können.
2. Einführung:
   - Erklären Sie den Teilnehmern das Spiel: Die Teilnehmer bilden Paare und werden zu einem "Spiegelbild". Das bedeutet, dass ein Partner die Bewegungen des anderen Partners imitieren wird, als ob er sein Spiegelbild wäre. Das Spiel erfordert Vertrauen, Koordination und ein gutes Gefühl für den anderen, um sich genau zu spiegeln.
3. Team-Aufteilung:
   - Teilen Sie die Teilnehmer in Paare auf. Dieses Spiel kann in Gruppen jeder Größe gespielt werden, solange Sie genug Platz haben, damit die Paare sich ungehindert bewegen können.
4. Start des Spiels:
   - Bitten Sie die Paare, sich einander gegenüber aufzustellen und sich in die Augen zu schauen. Ein Partner wird als Erstes das "Spiegelbild" sein, während der andere Partner die Bewegungen initiiert.
5. Spiegelung:
   - Der Partner, der die Bewegungen initiiert, beginnt langsam, sich zu bewegen - er kann seine Arme heben, drehen, hüpfen oder andere einfache Bewegungen ausführen. Der Partner, der das "Spiegelbild" ist, versucht, genau die gleichen Bewegungen zur gleichen Zeit auszuführen, als ob er im Spiegel reflektiert wird.
6. Wechsel der Rollen:
   - Nach einer Weile können die Partner die Rollen tauschen, so dass derjenige, der zuvor das "Spiegelbild" war, nun die Bewegungen initiiert und der andere Partner das "Spiegelbild" wird.
7. Reflexion:
   - Nachdem beide Partner die Gelegenheit hatten, sich gegenseitig zu spiegeln, führen Sie eine Reflexionsrunde durch. Fragen Sie die Teilnehmer, wie es sich angefühlt hat, das "Spiegelbild" zu sein und auf den anderen zu vertrauen, um ihre Bewegungen genau nachzuahmen.

8. Optionale Variation:
  - Sie können die Schwierigkeit des Spiels erhöhen, indem Sie komplexere Bewegungen oder Choreografien einführen, die die Teilnehmer spiegeln sollen. Dies fördert die Teamarbeit und erfordert eine noch bessere Kommunikation und Zusammenarbeit.

27. TANZEN

Das "Tanzen" erfordert Musik und ausreichend Platz für die Teilnehmer, um sich frei zu bewegen. Die Teilnehmer tanzen paarweise, wobei einer die Augen geschlossen hat und sich vom anderen führen lässt. Das Spiel stärkt das Vertrauen und die Verbundenheit in der Paardynamik, da die Teilnehmer sich auf ihre Partner verlassen und sich behutsam führen lassen, um eine positive Tanz-Erfahrung zu schaffen.

"Tanzen" eine wunderbare Aktivität, um das Vertrauen und die Verbundenheit zwischen den Teilnehmern zu stärken. Es ermutigt die Paare, aufeinander zu achten, sich auf den Partner zu verlassen und die Führung und Führung mit Vertrauen anzunehmen. Es ist wichtig, dass die Führenden verantwortungsbewusst und achtsam handeln, um ihren Partner sicher zu führen, und dass die Geführten sich entspannen und die Erfahrung genießen können. Die Sicherheit aller Teilnehmer sollte während des Spiels oberste Priorität haben.

Teamgröße: Das Spiel "Vertrauens-Tanz" wird paarweise gespielt. Es eignet sich sowohl für kleine als auch große Gruppen.

Dauer: Die Dauer des Spiels hängt von der Anzahl der Teilnehmer und der Länge der Tanzmusik ab. In der Regel dauert das Spiel etwa 15 bis 30 Minuten.

1. Vorbereitung:
   ○ Für das Spiel benötigen Sie Musik und ausreichend Platz im Freien oder in einem großen Raum, in dem die Teilnehmer sich frei bewegen können.
2. Einführung:
   ○ Erklären Sie den Teilnehmern die Vorgehensweise: Die Teilnehmer tanzen paarweise, wobei einer die Augen geschlossen hat und sich vom anderen führen lässt. Dieses Spiel fördert das Vertrauen und die Verbundenheit in der Paardynamik.
3. Team-Aufteilung:
   ○ Teilen Sie die Teilnehmer in Paare auf. Jedes Paar besteht aus einem Führenden und einem Geführten.
4. Augen schließen:
   ○ Die Geführten schließen die Augen und verlassen sich vollständig auf die Führung ihres Partners. Die Führenden müssen sich ihrer Verantwortung bewusst sein, ihren Partner sicher zu führen.
5. Musik starten:
   ○ Starten Sie die Musik und bitten Sie die Paare zu tanzen. Die Führenden führen ihre Partner sanft durch den Raum.
6. Langsames Tanzen:
   ○ Um das Vertrauen zu stärken, sollten die Führenden zunächst langsam und behutsam führen. Die Geführten können sich an die Bewegungen und Berührungen gewöhnen.
7. Variationen:
   ○ Ermutigen Sie die Führenden, verschiedene Tanzbewegungen und -richtungen auszuprobieren, um das Vertrauen weiter aufzubauen. Die Geführten können sich entspannen und die Führung genießen.
8. Reflexion und Diskussion:
   ○ Nachdem alle Paare getanzt haben, versammeln sich alle Teilnehmer, um ihre Erfahrungen zu teilen. Fragen Sie die Teilnehmer, wie sie sich gefühlt haben, als sie geführt oder geführt wurden. Ermutigen Sie sie, ihre Erfahrungen, Gefühle und Herausforderungen zu teilen.

28. PYRAMIDE

Das Spiel "Pyramide" erfordert weiche, gepolsterte Matten oder Kissen, um eine stabile Basis für die menschliche Pyramide zu schaffen. Die Teilnehmer arbeiten in Gruppen zusammen, wobei die unteren Schichten als Basis für die oberen dienen. Die Teilnehmer müssen einander vertrauen, da sie sich aufeinander stützen und darauf verlassen, sicher und stabil zu bleiben, während sie die Pyramide bauen.

Die Pyramide ist eine herausfordernde Aktivität, die das Vertrauen, die Zusammenarbeit und die Unterstützung innerhalb eines Teams stärkt. Es ermutigt die Teilnehmer, aufeinander zu achten, sich auf ihre Teamkollegen zu verlassen und gemeinsam eine stabile Pyramide zu bauen. Die Sicherheit aller Teilnehmer sollte während des Spiels oberste Priorität haben, und es ist wichtig, dass die Teilnehmer verantwortungsbewusst und rücksichtsvoll handeln.

Teamgröße: Das Spiel wird in Gruppen gespielt, wobei jede Gruppe aus einer Basis und mehreren Schichten besteht. Die Größe der Gruppen hängt von der Anzahl der Teilnehmer und ihrer Stärke und Größe ab.

Dauer: Die Dauer des Spiels hängt von der Größe der Gruppen und dem Aufbau der Pyramide ab. In der Regel dauert das Spiel etwa 20 bis 30 Minuten.

1. Vorbereitung:
   - Für das Spiel "Pyramide" benötigen Sie genügend weiche, gepolsterte Matten oder Kissen, um eine Pyramide zu bilden, auf der die Teilnehmer klettern können. Stellen Sie sicher, dass der Boden frei von Hindernissen ist und genügend Platz vorhanden ist.
2. Einführung:
   - Erklären Sie den Teilnehmern das Spiel: Die Teilnehmer arbeiten zusammen, um eine menschliche Pyramide zu bauen, indem sie sich aufeinander stützen und vertrauen. Die unteren Schichten der Pyramide dienen als Basis für die oberen Schichten.
3. Team-Aufteilung:
   - Teilen Sie die Teilnehmer in Gruppen auf, wobei jede Gruppe aus Personen unterschiedlicher Größe und Stärke besteht. Es ist wichtig, dass jede Gruppe ausreichend Teilnehmer hat, um eine stabile Pyramide zu bauen.
4. Matten platzieren:
   - Legen Sie die weichen Matten oder Kissen auf den Boden, um eine stabile und sichere Basis für die Pyramide zu schaffen.
5. Basis der Pyramide:
   - Die Teilnehmer bilden die Basis der Pyramide, indem sie sich auf den Matten in einer stabilen Formation aufstellen. Sie sollten sich gegenseitig unterstützen und auf eine feste Ausgangsposition achten.
6. Mittlere Schichten:
   - Die nächsten Schichten der Pyramide klettern auf die Basis und positionieren sich sicher und stabil, z.B. auf die Rücken der unteren Schicht. Die Teilnehmer in den mittleren Schichten müssen darauf vertrauen, dass ihre Unterstützer sie halten.
7. Spitze der Pyramide:
   - Die oberste Schicht der Pyramide besteht aus den leichtesten Teilnehmern, die auf den Schultern, Rücken oder Händen der mittleren Schichten stehen. Die Teilnehmer an der Spitze müssen ihre Balance halten und darauf vertrauen, dass ihre Unterstützer sie sicher tragen.

8. Stabilität und Sicherheit:
   - Es ist wichtig, dass die Teilnehmer während des Aufbaus der Pyramide aufeinander achten, sich gegenseitig unterstützen und vorsichtig agieren, um Verletzungen zu vermeiden.
9. Reflexion und Diskussion:
   - Nachdem die Pyramide erfolgreich gebaut wurde, versammeln sich alle Teilnehmer, um ihre Erfahrungen zu teilen. Fragen Sie die Teilnehmer, wie sie sich gefühlt haben, als sie die Pyramide gebaut haben und darauf vertrauen mussten. Ermutigen Sie sie, ihre Erfahrungen, Gefühle und Herausforderungen zu teilen.

29. GEFÜHRTES ZEICHNEN

"Geführtes Zeichnen" ist ein Teamspiel, das die Kommunikation, das Vertrauen und die Zusammenarbeit fördert. In Paaren arbeiten die Teilnehmer zusammen, wobei einer die Anweisungen gibt und der andere blind zeichnet. Präzise Kommunikation ist entscheidend, um ein genaues Ergebnis zu erzielen. Nachdem beide Partner die Rollen getauscht haben, vergleichen sie ihre Zeichnungen und tauschen ihre Erfahrungen aus.

Geführtes Zeichnen ist eine unterhaltsame und lehrreiche Aktivität, die die Kommunikation und das Vertrauen innerhalb eines Teams stärkt. Es ermutigt die Teilnehmer, gut miteinander zu kommunizieren und aufeinander zu achten, um ein gemeinsames Ziel zu erreichen. Die Aktivität kann auch dazu dienen, die Wichtigkeit klarer Anweisungen und aktiven Zuhörens zu betonen. Es ist wichtig, dass die Teilnehmer geduldig und unterstützend miteinander umgehen, um ein positives Teambuilding-Erlebnis zu gewährleisten.

Teamgröße: Das Spiel "Geführtes Zeichnen" wird paarweise gespielt. Es eignet sich sowohl für kleine als auch große Gruppen.

Dauer: Die Dauer des Spiels hängt von der Anzahl der Teilnehmer und der Komplexität der Zeichnungen ab. In der Regel dauert das Spiel etwa 20 bis 30 Minuten.

1. Vorbereitung:
   - Für das Spiel "Geführtes Zeichnen" benötigen Sie Papier und Stifte für jeden Teilnehmer. Sie benötigen auch einen Satz von einfachen Zeichnungen oder Formen, die von den Teilnehmern nachgezeichnet werden sollen.
2. Einführung:
   - Erklären Sie den Teilnehmern das Spiel "Geführtes Zeichnen": Die Teilnehmer arbeiten paarweise, wobei einer die Anweisungen gibt und der andere blind zeichnet, ohne das Bild zu sehen. Dieses Spiel fördert die Kommunikation, das Vertrauen und die Teamarbeit.
3. Team-Aufteilung:
   - Teilen Sie die Teilnehmer in Paare auf. Jedes Paar besteht aus einem Anweisenden und einem Zeichnenden.
4. Anweisungen geben:
   - Der Anweisende betrachtet ein Bild oder eine Form, die nur er sieht, und gibt detaillierte verbale Anweisungen an den Zeichnenden, wie er das Bild aufzeichnen soll. Der Zeichnende kann das Bild nicht sehen und muss sich vollständig auf die Anweisungen seines Partners verlassen.
5. Präzise Kommunikation:
   - Der Anweisende muss klare, präzise und deutliche Anweisungen geben, um dem Zeichnenden zu helfen, das Bild so genau wie möglich nachzuzeichnen. Die Kommunikation ist entscheidend, um ein genaues Ergebnis zu erzielen.
6. Wechsel der Rollen:
   - Nachdem eine Zeichnung fertiggestellt ist, können die Rollen getauscht werden, sodass der Zeichnende nun die Anweisungen gibt und der Anweisende zeichnet.
7. Vergleich der Zeichnungen:
   - Nachdem beide Partner die Möglichkeit hatten, zu zeichnen und anzuleiten, vergleichen sie ihre Zeichnungen, um zu sehen, wie genau sie die Anweisungen umgesetzt haben.
8. Reflexion und Diskussion:
   - Nachdem alle Paare das Spiel gespielt haben, versammeln sich die Teilnehmer, um ihre Erfahrungen zu teilen. Fragen Sie die Teilnehmer, wie sie sich gefühlt haben, als sie gezeichnet oder Anweisungen gegeben haben.

30. DIE UNENDLICHE GESCHICHTE

Die Teilnehmer sitzen im Kreis und erstellen gemeinsam eine Geschichte. Jeder fügt abwechselnd einen Satz zur Geschichte hinzu. Die Geschichte entwickelt sich durch die Beiträge der Teilnehmer, wobei sie auf vorherige Sätze aufbauen oder neue Wendungen einführen. Das Spiel fördert Kreativität, aktives Zuhören und Zusammenarbeit.

Das Spiel fördert Kreativität, aktives Zuhören und die Fähigkeit der Teilnehmer, sich aufeinander abzustimmen. Es kann zu unterhaltsamen und oft überraschenden Ergebnissen führen, da die Geschichte durch die verschiedenen Beiträge der Teilnehmer gestaltet wird.

Teamgröße: Das Spiel kann in Gruppen jeder Größe gespielt werden, ab etwa 6 Personen. Es ist wichtig, dass alle Teilnehmer die Gelegenheit haben, einen Satz hinzuzufügen.

Dauer: Die Dauer des Spiels hängt von der Gruppengröße ab. In der Regel dauert es etwa 15-30 Minuten, je nachdem, wie lange die Geschichte erzählt wird und wie ausführlich die Reflexion ist.

1. Vorbereitung:
   - Für dieses Spiel benötigen Sie eine Gruppe von Teilnehmern, die in einem Kreis sitzen können. Es ist wichtig, dass alle gut hören können, da das Spiel auf mündlicher Kommunikation basiert.
2. Einführung:
   - Erklären Sie den Teilnehmern das Spiel: Die Gruppe wird eine gemeinsame Geschichte erstellen, wobei jeder Teilnehmer abwechselnd einen Satz hinzufügt. Das Ziel ist es, eine unterhaltsame und zusammenhängende Geschichte zu kreieren, indem jeder seinen Beitrag leistet.
3. Ablauf:
   - Die Teilnehmer setzen sich im Kreis oder in einer runden Formation auf den Boden oder Stühlen hin.
   - Beginnen Sie die Geschichte mit einem einführenden Satz. Zum Beispiel: "Es war einmal an einem sonnigen Tag..."
   - Der nächste Teilnehmer fügt einen Satz hinzu, der die Geschichte vorantreibt. Zum Beispiel: "...als ein Hund über den Gartenzaun sprang."
   - Jeder Teilnehmer fügt nacheinander einen Satz hinzu, wobei er darauf achtet, dass die Geschichte logisch und zusammenhängend bleibt. Die Teilnehmer können sich auf vorherige Sätze beziehen oder neue Elemente einführen.
   - Die Geschichte entwickelt sich durch die Beiträge der Teilnehmer, und das Spiel geht im Kreis weiter.
4. Fortsetzung:
   - Das Spiel geht so lange weiter, bis die Gruppe das Gefühl hat, dass die Geschichte einen befriedigenden Abschluss gefunden hat oder bis eine vorher festgelegte Zeit abgelaufen ist.
5. Reflexion:
   - Nachdem die Geschichte beendet ist, können die Teilnehmer über die Kreativität der Geschichte sprechen, wie sie sich herausgebildet hat und welche Wendungen sie genommen hat. Dies kann zu einer lebhaften Diskussion über Teamarbeit und Zusammenarbeit führen.

31. RÜCKWÄRTSLAUFEN

Das Spiel "Rückwärtslaufen" fordert Paare heraus, zusammen eine Strecke rückwärts zu bewältigen, während ein Partner als Führer fungiert.

Es ist eine kreative Aktivität, die das Vertrauen, die Kommunikation und die Zusammenarbeit innerhalb eines Teams stärkt. Es ermutigt die Teilnehmer, aufeinander zu achten, sich auf ihre Teamkollegen zu verlassen und sich gegenseitig zu unterstützen. Die Aktivität kann auch dazu dienen, die Bedeutung klarer Kommunikation und des Vertrauens zu betonen.

Teamgröße: Das Spiel "Rückwärtslaufen" wird paarweise gespielt. Es eignet sich sowohl für kleine als auch große Gruppen.

Dauer: Die Dauer des Spiels hängt von der Länge der Strecke ab, die die Paare zurücklegen sollen, und der Geschwindigkeit, mit der sie sich bewegen. In der Regel dauert das Spiel etwa 20 bis 30 Minuten.

1. Vorbereitung:
   - Für das Spiel "Rückwärtslaufen" benötigen Sie ausreichend Platz im Freien oder in einem großen Raum, in dem die Teilnehmer sich sicher bewegen können. Stellen Sie sicher, dass der Bereich frei von Hindernissen ist.
2. Einführung:
   - Erklären Sie den Teilnehmern das Spiel "Rückwärtslaufen": Die Teilnehmer bilden Paare, wobei einer vorwärts und der andere rückwärts läuft. Derjenige, der rückwärts läuft, vertraut darauf, dass sein Partner ihn sicher führt.
3. Team-Aufteilung:
   - Teilen Sie die Teilnehmer in Paare auf. Jedes Paar besteht aus einem Vorderen (der vorwärts läuft) und einem Hinteren (der rückwärts läuft).
4. Partneraufstellung:
   - Die Paare stellen sich so auf, dass sie sich gegenüberstehen und sich an den Händen fassen. Der Hintermann steht rückwärts gerichtet, während der Vordermann vorwärts gerichtet ist.
5. Rückwärtslaufen:
   - Der Hintermann verlässt sich vollständig auf seinen Partner und läuft rückwärts, während der Vordermann ihn sicher führt, indem er vorwärts läuft. Der Vordermann sollte klare Anweisungen geben und den Rückwärtsläufer sanft lenken und vor möglichen Hindernissen warnen.
6. Wechsel der Rollen:
   - Nachdem ein Paar eine bestimmte Strecke zurückgelegt hat, können die Rollen getauscht werden, sodass der Vordermann nun rückwärtsläuft und der Hintermann ihn führt.
7. Reflexion und Diskussion:
   - Nachdem alle Paare das vertrauensvolle Rückwärtslaufen durchgeführt haben, versammeln sich alle Teilnehmer, um ihre Erfahrungen zu teilen. Fragen Sie die Teilnehmer, wie sie sich gefühlt haben, als sie geführt oder rückwärts gelaufen sind. Ermutigen Sie sie, ihre Erfahrungen, Gefühle und Herausforderungen zu teilen.

32. AUGENKONTAKT

? In dieser Übung setzen sich die Teilnehmer paarweise gegenüber und halten für eine Minute lang intensiven Augenkontakt, ohne zu sprechen oder abgelenkt zu sein. Das Ziel ist es, Vertrauen und Verbundenheit aufzubauen und sich auf einer tieferen Ebene zu begegnen. Nach der Übung reflektieren die Teilnehmer ihre Erfahrungen und diskutieren, wie der Augenkontakt das Teamvertrauen und die Verbundenheit stärken kann, indem sie Achtsamkeit und aktives Zuhören fördert. Es ist wichtig, dass die Teilnehmer sich wohl und respektiert fühlen, um eine positive Erfahrung zu gewährleisten.

Teamgröße: Die Augenkontakt-Übung eignet sich am besten für Teams mit einer geraden Anzahl von Teilnehmern, da sonst ein Teilnehmer ohne Partner bleibt. Es ist jedoch möglich, dass ein Teammitglied die Übung mit einem Gruppenleiter oder einem Teamkollegen beobachtet.

Dauer: Die Übung dauert insgesamt etwa 5-10 Minuten pro Paar, abhängig davon, wie lange die Reflexionsrunde dauert.

1. Vorbereitung:
   - Bitten Sie die Teilnehmer, sich paarweise zu organisieren und sich gegenüberzusetzen. Stellen Sie sicher, dass die Sitzgelegenheiten so angeordnet sind, dass die Paare sich bequem und ohne Ablenkungen anschauen können.
2. Einführung:
   - Erklären Sie den Teilnehmern das Konzept der Augenkontakt-Übung: Jedes Paar wird für eine Minute lang intensiven Augenkontakt halten, ohne zu sprechen oder sich abzulenken. Das Ziel dieser Übung ist es, Vertrauen und Verbundenheit aufzubauen und sich auf einer tieferen Ebene zu begegnen.
3. Beginn der Übung:
   - Geben Sie ein Signal, um die Übung zu beginnen. Die Teilnehmer schauen sich nun tief in die Augen ihres Partners und halten den Blickkontakt für die gesamte Dauer von einer Minute.
   - Ermutigen Sie die Teilnehmer, während der Übung offen und entspannt zu bleiben. Falls jemand Schwierigkeiten mit längeren Augenkontakt hat, sollten sie versuchen, ruhig zu atmen und den Blickkontakt sanft aufrechtzuerhalten.
4. Reflexion und Diskussion:
   - Nachdem die Übung abgeschlossen ist, bitten Sie die Teilnehmer, sich wieder hinzusetzen und eine Reflexion durchzuführen.
   - Fragen Sie die Teilnehmer, wie es sich angefühlt hat, für eine Minute lang intensiven Augenkontakt zu halten. Was haben sie dabei empfunden? Gab es Herausforderungen oder Überraschungen?
   - Ermutigen Sie die Teilnehmer, ihre Erfahrungen zu teilen, wie sie sich während des Augenkontakts gefühlt haben und ob die Übung ihre Verbindung oder ihr Vertrauen zueinander gestärkt hat.
5. Weitere Diskussion:
   - Führen Sie eine gemeinsame Diskussion darüber, wie die Augenkontakt-Übung das Vertrauen und die Verbundenheit im Team fördern kann.
   - Betonen Sie die Bedeutung von Achtsamkeit und aktiver Zuhörer zu sein, um eine tiefere Verbindung zu anderen aufzubauen.

33. BLINDE QUADRATWANDERUNG

Bei diesem Spiel bilden die Teilnehmer mit verbundenen Augen ein Quadrat oder Rechteck, indem sie sich an den Händen fassen. Gemeinsam müssen sie das Quadrat bewegen, ohne die Hände loszulassen. Die Teilnehmer müssen miteinander kommunizieren und sich koordinieren, um die Herausforderung zu meistern und ihr Vertrauen in ihre Teamkollegen zu stärken.

Die Blinde Quadratwanderung ist eine kooperative Aktivität, die das Vertrauen, die Kommunikation und die Zusammenarbeit innerhalb eines Teams stärkt. Es ermutigt die Teilnehmer, aufeinander zu achten, sich auf ihre Teamkollegen zu verlassen und gemeinsam ein gemeinsames Ziel zu erreichen. Die Aktivität betont die Bedeutung der Koordination und des Teamworks, auch wenn die Teilnehmer ihre Augen verbunden haben. Es ist wichtig, dass die Teilnehmer geduldig und unterstützend miteinander umgehen, um ein positives Teambuilding-Erlebnis zu gewährleisten. Die Sicherheit aller Teilnehmer sollte während des Spiels oberste Priorität haben.

Teamgröße: Das Spiel "Blinde Quadratwanderung" wird in Gruppen von 4 bis 8 Personen gespielt, je nach Größe des gewünschten Quadrats oder Rechtecks.

Dauer: Die Dauer des Spiels hängt von der Größe des Quadrats oder Rechtecks und der Zeit ab, die benötigt wird, um die Wanderung durchzuführen. In der Regel dauert das Spiel etwa 20 bis 30 Minuten.

1. Vorbereitung:
   - Für das Spiel benötigen Sie ausreichend Platz im Freien oder in einem großen Raum. Stellen Sie sicher, dass der Bereich frei von Hindernissen ist.
2. Einführung:
   - Erklären Sie den Teilnehmern das Spiel: Die Teilnehmer bilden ein Quadrat oder ein Rechteck, indem sie sich an den Händen fassen. Die Aufgabe besteht darin, das Quadrat oder Rechteck zu bewegen, ohne dass die Hände losgelassen werden, während alle Teilnehmer die Augen verbunden haben.
3. Team-Aufteilung:
   - Teilen Sie die Teilnehmer in Gruppen von 4 bis 8 Personen auf, je nach Größe des gewünschten Quadrats oder Rechtecks.
4. Augen verbinden:
   - Jedes Gruppenmitglied verbindet seine Augen sicher, damit es nichts sehen kann. Dies kann mit einem Tuch oder einer Augenbinde erfolgen.
5. Quadrat oder Rechteck bilden:
   - Die Teilnehmer fassen sich an den Händen und bilden ein Quadrat oder Rechteck. Alle müssen darauf achten, dass die Formation stabil ist und niemand die Hand loslässt.
6. Quadratwanderung durchführen:
   - Die Teilnehmer müssen nun zusammenarbeiten, um das Quadrat oder Rechteck zu bewegen, ohne dass die Hände losgelassen werden. Dabei können sie entweder nach vorne, rückwärts oder seitwärts gehen, je nachdem, wie das Quadrat oder Rechteck bewegt werden soll.
7. Kommunikation und Koordination:
   - Die Teilnehmer müssen miteinander kommunizieren und sich absprechen, um sich koordiniert zu bewegen und sicherzustellen, dass das Quadrat oder Rechteck nicht auseinanderbricht.
8. Reflexion und Diskussion:
   - Nachdem alle Gruppen die Blinde Quadratwanderung durchgeführt haben, versammeln sich alle Teilnehmer, um ihre Erfahrungen zu teilen. Fragen Sie die Teilnehmer, wie sie sich gefühlt haben, als sie das Quadrat bewegt haben und sich auf ihre Teamkollegen verlassen mussten. Ermutigen Sie sie, ihre Erfahrungen, Gefühle und Herausforderungen zu teilen.

34. DOMINO

Bei diesem Spiel bilden die Teilnehmer eine Reihe oder einen Kreis und lehnen sich vorsichtig nach hinten, um sich gegenseitig zu stützen und einen Dominoeffekt des Vertrauens zu erzeugen. Jeder Teilnehmer vertraut darauf, dass seine Teamkollegen ihn sicher auffangen, während er sich nach hinten lehnt. Die Teilnehmer müssen miteinander kommunizieren und sich unterstützen, um den Dominoeffekt erfolgreich zu gestalten. Nach dem Spiel reflektieren sie ihre Erfahrungen und teilen ihre Gefühle und Herausforderungen miteinander.

Dies ist eine fesselnde Aktivität, die das Vertrauen und die Verbundenheit innerhalb eines Teams stärkt. Es ermutigt die Teilnehmer, aufeinander zu achten, sich auf ihre Teamkollegen zu verlassen und gemeinsam den Dominoeffekt zu erzeugen. Die Aktivität betont die Bedeutung der Unterstützung und des Teamworks, um ein gemeinsames Ziel zu erreichen. Es ist wichtig, dass die Teilnehmer geduldig und unterstützend miteinander umgehen, um ein positives Teambuilding-Erlebnis zu gewährleisten.

Teamgröße: Das Spiel kann mit einer beliebigen Anzahl von Teilnehmern durchgeführt werden. Es eignet sich sowohl für kleine als auch große Gruppen.

Dauer: Die Dauer des Spiels hängt von der Anzahl der Teilnehmer und der Zeit ab, die benötigt wird, um den Dominoeffekt zu erzeugen. In der Regel dauert das Spiel etwa 15 bis 30 Minuten.

1. Vorbereitung:
   - Für das Spiel benötigen Sie genügend Platz im Freien oder in einem großen Raum. Stellen Sie sicher, dass der Bereich frei von Hindernissen ist.
2. Einführung:
   - Erklären Sie den Teilnehmern das Spiel: Die Teilnehmer bilden eine Reihe oder einen Kreis und lehnen sich vorsichtig nach hinten, um sich gegenseitig zu stützen und einen Dominoeffekt des Vertrauens zu erzeugen. Alternativ kann dies im Sitzen passieren.
3. Team-Aufteilung:
   - Alle Teilnehmer stehen/sitzen in einer Reihe oder einem Kreis.
4. Stufenweises Vertrauen aufbauen:
   - Beginnen Sie mit einem Freiwilligen, der als erster Teilnehmer den Dominoeffekt auslöst. Die anderen Teilnehmer bilden eine Stützreihe, indem sie sich leicht nach hinten lehnen und darauf vertrauen, dass ihre Teamkollegen sie stützen.
5. Dominoeffekt erzeugen:
   - Der erste Teilnehmer lehnt sich vorsichtig nach hinten und wird von den dahinter stehenden Teilnehmern aufgefangen und gestützt. Sobald der erste Teilnehmer stabilisiert ist, lehnt sich der nächste Teilnehmer in der Reihe vorsichtig nach hinten, und so setzt sich der Dominoeffekt fort.
6. Kommunikation und Unterstützung:
   - Die Teilnehmer sollten miteinander kommunizieren und sich unterstützen, um sicherzustellen, dass der Dominoeffekt reibungslos abläuft
7. Reflexion und Diskussion:
   - Nachdem der Dominoeffekt abgeschlossen ist, versammeln sich alle Teilnehmer, um ihre Erfahrungen zu teilen. Fragen Sie die Teilnehmer, wie sie sich gefühlt haben, als sie sich nach hinten gelehnt haben und auf ihre Teamkollegen vertrauen mussten. Ermutigen Sie sie, ihre Erfahrungen, Gefühle und Herausforderungen zu teilen.

35. MINENFELD

Die Teilnehmer werden in Paare aufgeteilt, wobei einer blind ist und die Augen verbunden hat, während der andere Partner als "Guide" fungiert. Das blinde Teammitglied muss mithilfe verbaler Anweisungen seines Guides sicher durch ein Minenfeld aus Gegenständen navigieren, ohne sie zu berühren. Das Spiel fördert die Kommunikation, das Vertrauen und die Teamarbeit, da die Partner aufeinander angewiesen sind, um die Aufgabe erfolgreich zu bewältigen.

Das Spiel "Minenfeld" ist eine intensive Übung, die das Vertrauen, die Kommunikation und die Zusammenarbeit innerhalb eines Teams stärkt. Es ermutigt die Teilnehmer, aufeinander zu achten, sich auf ihre Teamkollegen zu verlassen und gemeinsam Hindernisse zu überwinden. Die Aktivität betont die Bedeutung des gegenseitigen Vertrauens und der einfühlsamen Kommunikation. Es ist wichtig, dass alle Teilnehmer respektvoll und verantwortungsbewusst handeln, um eine positive Erfahrung für ihre Partner zu gewährleisten.

Teamgröße: Das Spiel "Minenfeld" wird in Paaren gespielt.

Dauer: Die Dauer des Spiels hängt von der Anzahl der Teilnehmer und der Anzahl der Durchgänge ab. In der Regel dauert jede Runde des Spiels etwa 5 bis 10 Minuten.

Vorbereitung:

- Für das Spiel benötigen Sie ausreichend Platz im Freien oder in einem Raum mit genügend Platz für die Teilnehmer. Sie benötigen außerdem verschiedene Gegenstände oder Hindernisse, die als "Minen" fungieren, wie zum Beispiel Hütchen, Bänder, Kegel oder andere leicht umstoßbare Gegenstände.

Einführung:

- Erklären Sie den Teilnehmern das Spiel "Minenfeld": Die Teilnehmer werden in Paare aufgeteilt, wobei einer der Partner die Augen verbunden wird und der andere Partner als "Guide" fungiert. Das Ziel ist, dass der blinde Partner mithilfe der verbalen Anweisungen seines Guides sicher durch das Minenfeld navigiert, ohne die Minen zu berühren.

Team-Aufteilung:

- Teilen Sie die Teilnehmer in Paare auf, je nach Größe der Gruppe.

Minenfeld durchführen:

- Der blinde Partner bindet sich eine Augenbinde um und beginnt außerhalb des Minenfeldes. Der Guide steht am Rand des Minenfeldes und gibt dem blinden Partner verbale Anweisungen, wie er die Minen sicher umgehen kann.

Kommunikation und Vertrauen:

- Der Guide muss klare und präzise Anweisungen geben, damit der blinde Partner sicher durch das Minenfeld navigieren kann. Der blinde Partner muss seinem Guide vertrauen und sich auf die Anweisungen verlassen, um die Minen sicher zu umgehen.

Hindernisse variieren:

- Sie können die Anordnung der Minen im Minenfeld variieren oder die Anzahl der Minen erhöhen, um das Spiel herausfordernder zu gestalten.

Wechsel der Rollen:

- Nachdem ein Durchgang abgeschlossen ist, können die Partner die Rollen tauschen, damit beide die Erfahrung des Vertrauens-Minefields machen können.

Reflexion und Diskussion:

- Nachdem das Vertrauens-Minefield durchgeführt wurde, versammeln sich alle Teilnehmer, um ihre Erfahrungen zu teilen. Fragen Sie die Teilnehmer, wie sie sich gefühlt haben, als sie durch das Minenfeld navigiert haben oder ihren Partner sicher geführt haben. Ermutigen Sie sie, ihre Erfahrungen, Gefühle und Herausforderungen zu teilen.

36. TÜRME

Die Teilnehmer werden in Teams aufgeteilt und erhalten die Aufgabe, gemeinsam Türme aus Bausteinen zu bauen. Jedes Teammitglied setzt abwechselnd einen Baustein auf den Turm und muss darauf vertrauen, dass seine Teamkollegen die richtigen Entscheidungen treffen, um einen stabilen Turm zu errichten. Das Spiel fördert die Kommunikation, die Zusammenarbeit und das Vertrauen unter den Teammitgliedern, da sie gemeinsam daran arbeiten, eine solide Struktur zu schaffen.

Das Spiel fördert das Vertrauen, die Kommunikation und die Zusammenarbeit innerhalb eines Teams. Es ermutigt die Teilnehmer, aufeinander zu achten, sich auf ihre Teamkollegen zu verlassen und gemeinsam kreative Lösungen zu finden. Die Aktivität betont die Bedeutung des gegenseitigen Vertrauens und der Teamarbeit. Es ist wichtig, dass alle Teilnehmer einfühlsam und verantwortungsbewusst handeln, um eine positive Erfahrung für das gesamte Team zu gewährleisten.

Teamgröße: Das Spiel "Vertrauens-Türme" wird in Teams gespielt, die aus mindestens 3-4 Personen bestehen sollten.

Dauer: Die Dauer des Spiels hängt von der Anzahl der Teilnehmer und der Zeit ab, die benötigt wird, um die Türme zu bauen. In der Regel dauert das Spiel etwa 15 bis 30 Minuten.

1. Vorbereitung:
   - Für das Spiel benötigen Sie Bausteine oder Bauklötze, die für das Bauen von Türmen geeignet sind. Stellen Sie sicher, dass jeder Teilnehmer Zugang zu den Bausteinen hat.
2. Einführung:
   - Erklären Sie den Teilnehmern das Spiel: Die Teilnehmer werden in Teams aufgeteilt. Jedes Team bekommt die Aufgabe, gemeinsam einen Turm zu bauen, wobei jedes Teammitglied abwechselnd einen Baustein auf den Turm setzen muss. Das Ziel ist, dass die Teilnehmer Vertrauen in die Entscheidungen und Fähigkeiten ihrer Teamkollegen haben, um einen stabilen Turm zu bauen.
3. Team-Aufteilung:
   - Teilen Sie die Teilnehmer in Teams auf, je nach Größe der Gruppe. Idealerweise sollten die Teams aus mindestens 3-4 Personen bestehen.
4. Turm bauen:
   - Jedes Team beginnt mit dem Bau eines Turms, indem ein Teilnehmer den ersten Baustein auf den Boden legt. Dann wechseln sich die Teammitglieder ab, indem sie nacheinander jeweils einen Baustein auf den wachsenden Turm setzen. Dabei müssen sie darauf vertrauen, dass ihre Teamkollegen die richtigen Entscheidungen treffen, um einen stabilen Turm zu errichten.
5. Kommunikation und Zusammenarbeit:
   - Die Teammitglieder müssen miteinander kommunizieren, um die besten Entscheidungen für den Turm zu treffen. Sie müssen ihre Ideen teilen, aufeinander hören und als Team zusammenarbeiten, um einen soliden Turm zu bauen.
6. Turmhöhe erhöhen (optional):
   - Um die Herausforderung zu erhöhen, können Sie die Höhe des Turms erhöhen oder zusätzliche Anforderungen für den Bau festlegen, wie zum Beispiel, dass der Turm frei stehen muss, ohne an einer Wand zu lehnen.
7. Reflexion und Diskussion:
   - Nachdem die Türme gebaut wurden, versammeln sich alle Teilnehmer, um ihre Erfahrungen zu teilen. Fragen Sie die Teilnehmer, wie sie sich gefühlt haben, als sie den Turm gebaut haben oder als sie ihren Teamkollegen vertraut haben. Ermutigen Sie sie, ihre Erfahrungen, Gefühle und Herausforderungen zu teilen.

37. BLINDBALL

Die Teilnehmer werden in Teams aufgeteilt, wobei ein Mitglied jedes Teams die Augen verbunden hat und sich nicht bewegen darf. Die anderen Teammitglieder sind die Werfer und versuchen, den Ball durch Werfen und verbale Anweisungen zum blinden Teammitglied zu bringen, ohne dass der Ball den Boden berührt.

Das Spiel ist eine actionreiche Übung, die das Vertrauen, die Kommunikation und die Zusammenarbeit innerhalb eines Teams stärkt. Es ermutigt die Teilnehmer, aufeinander zu achten, sich auf ihre Teamkollegen zu verlassen und gemeinsam Herausforderungen zu meistern. Die Aktivität betont die Bedeutung des gegenseitigen Vertrauens und der Teamarbeit. Es ist wichtig, dass alle Teilnehmer einfühlsam und verantwortungsbewusst handeln, um eine positive Erfahrung für ihre Teamkollegen zu gewährleisten. Die Sicherheit aller Teilnehmer sollte wie immer oberste Priorität haben.

Teamgröße: Das Spiel wird in Teams gespielt, die aus mindestens 3-4 Personen bestehen sollten.

Dauer: Die Dauer des Spiels hängt von der Anzahl der Teilnehmer und der Anzahl der Durchgänge ab. In der Regel dauert jede Runde des Spiels etwa 10 bis 15 Minuten.

1. Vorbereitung:
   - Für das Spiel benötigen Sie einen weichen (am besten aus Schaumstoff), leicht zu werfenden Ball und ausreichend Platz im Freien oder in einem großen Raum. Stellen Sie sicher, dass der Bereich frei von Hindernissen ist und genügend Platz für die Teilnehmer vorhanden ist.
2. Einführung:
   - Erklären Sie den Teilnehmern das Spiel: Die Teilnehmer werden in Teams aufgeteilt. Jedes Team bekommt einen Ball, und ein Mitglied jedes Teams hat die Augen verbunden. Das Ziel ist, den Ball durch Werfen und verbale Anweisungen zum Teammitglied mit verbundenen Augen zu werfen, ohne dass der Ball den Boden berührt.
3. Team-Aufteilung:
   - Teilen Sie die Teilnehmer in Teams auf, je nach Größe der Gruppe. Jedes Team besteht aus mindestens 3-4 Personen.
4. Blindball spielen:
   - Wählen Sie in jedem Team ein Teammitglied aus, das die Augen verbunden hat und sich nicht bewegen darf. Die anderen Teammitglieder sind die Werfer.
   - Die Werfer stellen sich in einem Abstand zum blinden Teammitglied auf und versuchen, den Ball durch Werfen und verbale Anweisungen zu ihm zu bringen. Das blinde Teammitglied muss auf die Anweisungen der Werfer vertrauen und sich darauf verlassen, dass der Ball sicher zu ihm gebracht wird.
5. Herausforderungen erhöhen:
   - Um mehr Action einzubringen, können Sie die Entfernung zwischen den Werfern und dem blinden Teammitglied erhöhen oder Hindernisse im Spielfeld platzieren, die die Werfer umgehen müssen.
6. Wechsel der Rollen:
   - Nachdem jedes Teammitglied einmal die Erfahrung des blinden Teammitglieds gemacht hat, wechseln die Rollen, sodass jedes Teammitglied die Chance hat, den Ball zu werfen und verbale Anweisungen zu geben.

7. Reflexion und Diskussion:

- Nachdem alle Teams das Blindballspiel durchgeführt haben, versammeln sich alle Teilnehmer, um ihre Erfahrungen zu teilen. Fragen Sie die Teilnehmer, wie sie sich gefühlt haben, als sie den Ball geworfen haben oder als sie auf die Anweisungen ihrer Teamkollegen vertraut haben. Ermutigen Sie sie, ihre Erfahrungen, Gefühle und Herausforderungen zu teilen.

38. FLÜSTERKREIS

Die Teilnehmer bilden einen Kreis, und eine kurze Nachricht wird leise von Person zu Person im Uhrzeigersinn weitergeflüstert. Jeder Teilnehmer hört die Nachricht nur einmal und muss sie korrekt an den nächsten weitergeben. Am Ende wird die ursprüngliche Nachricht mitgeteilt, und es wird verglichen, wie stark sie sich während des Flüsterns verändert hat. Das Spiel fördert die Kommunikation und zeigt, wie Informationen sich im Laufe der Weitergabe verändern können.

Das Ziel des Spiels ist es, den Spaß am Flüstern und die möglichen Missverständnisse zu nutzen, um die Wichtigkeit klarer Kommunikation zu betonen. Es ist ein unterhaltsames und lehrreiches Spiel, das die Teilnehmer dazu ermutigt, aufmerksam zuzuhören und ihre Botschaften deutlich zu übermitteln. Es kann als Übung zur Förderung der Kommunikation und des Vertrauens in Teams verwendet werden.

Das Spiel "Flüsterkreis" funktioniert am besten mit einer Teamgröße von mindestens 6 bis 8 Personen. Es kann auch in größeren Teams gespielt werden, aber je mehr Teilnehmer teilnehmen, desto länger dauert das Spiel.

Die Dauer des Spiels hängt von der Anzahl der Teilnehmer ab. Im Allgemeinen dauert das Spiel mit 6-8 Teilnehmern etwa 5 bis 10 Minuten. Bei größeren Teams kann das Spiel etwa 15 bis 20 Minuten dauern.

Anhang G

1. Vorbereitung (siehe Anhang G):
   - Bilden Sie einen Kreis aus den Teilnehmern, indem sich jeder neben seinem Teamkollegen oder einem anderen Mitspieler aufstellt.
   - Der Leiter des Spiels oder eine ausgewählte Person flüstert eine kurze Nachricht oder einen Satz einer der beiden Personen am Rand des Kreises ins Ohr.
2. Ablauf:
   - Die Nachricht wird nun leise von Person zu Person im Uhrzeigersinn weitergeflüstert.
   - Jeder Teilnehmer darf die Nachricht nur einmal hören und muss sie dann an den nächsten weitergeben.
   - Die Teilnehmer sollten darauf achten, dass sie die Nachricht korrekt weitergeben, ohne sie zu verändern.
3. Ende des Spiels:
   - Sobald die Nachricht den ganzen Kreis umrundet hat und beim letzten Teilnehmer ankommt, sagt dieser die Nachricht laut aus.
   - Die ursprüngliche Nachricht wird nun mitgeteilt, und es wird verglichen, wie viel sie sich während des Flüsterns verändert hat.

39. GEHEIMNISSE

Die Teilnehmer werden in Paare oder Gruppen aufgeteilt und erhalten die Aufgabe, ein persönliches Geheimnis oder eine Erfahrung aufzuschreiben und zu teilen. Die Zettel werden gemischt, und jedes Gruppenmitglied zieht einen Zettel, um das Geheimnis eines anderen zu teilen. Während ein Teilnehmer sein Geheimnis teilt, üben die anderen empathisches Zuhören.

Das Spiel ist eine einfühlsame Übung, die das Vertrauen, die Offenheit und die Verbundenheit innerhalb einer Gruppe stärkt. Es ermutigt die Teilnehmer, sich gegenseitig besser kennen zu lernen, Vertrauen aufzubauen und Empathie zu entwickeln. Es ist wichtig, dass alle Teilnehmer respektvoll und einfühlsam miteinander umgehen, um eine positive und unterstützende Erfahrung für alle zu gewährleisten.

Teamgröße: Das Spiel kann in Paaren oder kleinen Gruppen gespielt werden, je nach Größe der Gesamtgruppe.

Dauer: Die Dauer des Spiels hängt von der Anzahl der Teilnehmer und der Anzahl der Geheimnisse ab, die geteilt werden sollen. In der Regel dauert das Spiel etwa 20 bis 30 Minuten.

1. Vorbereitung:
   - Für das Spiel benötigen Sie ausreichend Platz im Freien oder in einem großen Raum. Stellen Sie sicher, dass der Bereich frei von Hindernissen ist und genügend Platz für die Teilnehmer vorhanden ist. Sie benötigen außerdem Papier und Stifte.
2. Einführung:
   - Erklären Sie den Teilnehmern das Spiel: Die Teilnehmer werden in Paare oder kleine Gruppen aufgeteilt. Jede Gruppe bekommt die Aufgabe, ein Geheimnis oder eine persönliche Erfahrung zu teilen, während die anderen Mitglieder der Gruppe ihnen aufmerksam zuhören.
3. Team-Aufteilung:
   - Teilen Sie die Teilnehmer in Paare oder kleine Gruppen auf, je nach Größe der Gruppe.
4. Geheimnisse teilen:
   - Jede Gruppemitglied erhält ein Stück Papier und einen Stift.
   - Die Teilnehmer werden aufgefordert, ein persönliches Geheimnis oder eine Erfahrung auf das Papier zu schreiben, das sie gerne mit der Gruppe teilen möchten. Es kann etwas sein, das sie belastet, etwas, worüber sie sich freuen oder etwas, das sie gelernt haben.
   - Nachdem alle Teilnehmer ihr Geheimnis aufgeschrieben haben, werden die Zettel zusammengefaltet und gemischt.
   - Jedes Gruppenmitglied zieht einen gefalteten Zettel und liest ihn leise.
   - Das Gruppenmitglied, das den Zettel gezogen hat, teilt das darauf geschriebene Geheimnis oder die Erfahrung mit der Gruppe. Dabei kann es wählen, ob es den Zettel offen zeigt oder das Geheimnis nur mündlich teilt.
5. Empathisches Zuhören:
   - Während ein Teilnehmer sein Geheimnis teilt, ist es wichtig, dass die anderen Gruppenmitglieder aufmerksam zuhören und Respekt zeigen. Es geht darum, eine vertrauensvolle und unterstützende Umgebung zu schaffen, in der sich die Teilnehmer sicher fühlen, ihre Geheimnisse zu teilen.

6. Reflexion und Diskussion:

- Nachdem alle Teilnehmer ihre Geheimnisse geteilt haben, versammeln sich alle, um ihre Erfahrungen zu reflektieren und zu diskutieren. Fragen Sie die Teilnehmer, wie es sich angefühlt hat, ihr Geheimnis zu teilen und wie die Gruppe darauf reagiert hat. Ermutigen Sie sie, über das Gefühl der Verbundenheit und des Vertrauens zu sprechen, das dieses Spiel ermöglicht hat.

40. SPIELZEUG

Die Teilnehmer stehen in einem Kreis und geben ein Spielzeug oder einen Gegenstand mit positiv geladenen Botschaften weiter. Jeder Teilnehmer teilt eine Ermutigung oder eine kurze Aussage des Vertrauens, während er das Spielzeug weitergibt.

Das Spiel fördert eine positive und unterstützende Atmosphäre im Team. Es ermutigt die Teilnehmer, Vertrauen und Unterstützung auszudrücken und zu erleben. Stellen Sie sicher, dass die Botschaften, die die Teilnehmer teilen, respektvoll und motivierend sind.

Teamgröße: Das Spiel kann in Gruppen jeder Größe gespielt werden, aber es ist idealerweise für Teams ab etwa 8 Personen geeignet, damit der Kreis ausreichend groß ist.

Die Dauer des Spiels hängt von der Anzahl der Teilnehmer ab. In der Regel dauert es etwa 15-30 Minuten, je nach Gruppengröße und der Zeit, die für die Reflexion benötigt wird.

1. Vorbereitung:
   - Für dieses Spiel benötigen Sie ein kleines, nicht zerbrechliches Spielzeug oder einen Gegenstand, den die Teilnehmer ohne Bedenken miteinander teilen können. Stellen Sie sicher, dass das Spielzeug keine Verletzungsgefahr darstellt.
2. Einführung:
   - Erklären Sie den Teilnehmern das Spiel: Die Gruppe wird in einem Kreis stehen oder sitzen. Ein Teilnehmer wird das Spielzeug zuerst nehmen und es in seine Hände legen. Dann wird er es dem nächsten Teilnehmer übergeben, während er eine positive Eigenschaft oder eine Ermutigung teilt. Dies wird fortgesetzt, bis das Spielzeug den gesamten Kreis durchlaufen hat.
3. Ablauf:
   - Die Teilnehmer stehen oder sitzen in einem Kreis.
   - Der Spielleiter gibt das Spielzeug dem ersten Teilnehmer im Kreis.
   - Der erste Teilnehmer hält das Spielzeug in seinen Händen und sagt etwas Positives, eine Ermutigung oder eine kurze Botschaft des Vertrauens. Zum Beispiel: "Die Figur lächelt wie du."
   - Dann gibt er das Spielzeug vorsichtig an den nächsten Teilnehmer im Kreis weiter, der dasselbe tut.
   - Das Spielzeug wird so im Uhrzeigersinn weitergegeben, wobei jeder Teilnehmer eine positive Botschaft teilt.
   - Das Spiel endet, wenn das Spielzeug den gesamten Kreis durchlaufen hat und wieder beim ursprünglichen Teilnehmer angekommen ist.
4. Reflexion:
   1. Nachdem das Spiel abgeschlossen ist, führen Sie eine Reflexionsrunde durch. Fragen Sie die Teilnehmer, wie sie sich gefühlt haben, während sie das Spielzeug weitergegeben haben, und wie die positiven Botschaften das Vertrauen und die Teamdynamik gestärkt haben.

ANHANG

ANHANG A: KOPIERVORLAGE NAMENSBINGO

ANHANG B: KOPIERVORLAGE STECKBRIEF

NAME:

ALTER:

BERUF/TÄTIGKEIT:

HOBBYS/INTERESSEN:

LIEBLINGSESSEN:

LIEBLINGSFILM/-SERIE:

LIEBLINGSMUSIK:

BESONDERE FÄHIGKEITEN/TALENTE:

PERSÖNLICHE BEMERKUNGEN:

ANHANG C: BEISPIELFRAGEN

Was ist dein liebster Zeitvertreib oder Hobby, wenn du nicht arbeitest?

Gibt es ein spezielles Buch, das dich stark beeinflusst hat? Wenn ja, welches und warum?

Welchen Film könntest du immer wieder anschauen, ohne dass er dir langweilig wird?

Hast du ein Lieblingsreiseziel, das du unbedingt noch besuchen möchtest?

Was ist das Lustigste, das dir je passiert ist?

Welches ist dein Lieblingsgericht?

Hast du eine besondere Fähigkeit oder ein verborgenes Talent?

Welches war das aufregendste Abenteuer, das du je erlebt hast?

Gibt es ein bestimmtes Zitat oder einen Spruch, der dich inspiriert oder motiviert?

Was war das Verrückteste, was du jemals gemacht hast?

Welche berufliche Erfahrung hat dich am meisten geprägt?

Hast du ein Haustier, und wenn ja, wie kamst du zu ihm?

Welche Musikrichtung oder welcher Künstler berührt dich am meisten?

Welches war das beste Konzert oder die beste Live-Show, die du je besucht hast?

Wenn du eine Superkraft hättest, welche würdest du wählen und warum?

Welche Reiseerfahrung war die größte Überraschung für dich?

Was ist dein Lieblingszitat aus einem Film oder einer TV-Serie?

Gibt es ein bestimmtes Ziel oder eine Herausforderung, die du in naher Zukunft erreichen möchtest?

Welche Jahreszeit magst du am liebsten und warum?

Hast du eine besondere Tradition oder ein Ritual, das du pflegst?

ANHANG D:
KOPIERVORLAGE LISTE

1

2

3

4

5

6

7

8

9

10

11

12

13

14

ANHANG E:
KOPIERVORLAGE EMOJIS

ANHANG F:
BEISPIELE ESCAPE-ROOM

Rätsel: Zahlenkombinationsschloss
- Stellen Sie den Teilnehmern ein Zahlenkombinationsschloss zur Verfügung, das einen Schrank oder eine Truhe verschließt.
- Hängen Sie Hinweise und Rätsel im Raum auf, die die Teilnehmer lösen müssen, um die richtige Kombination für das Schloss zu finden.

Code: Buchstaben-Codierung
- Platzieren Sie eine verschlüsselte Botschaft im Raum, die mithilfe einer Buchstaben-Codierung entschlüsselt werden muss.
- Die Teilnehmer müssen möglicherweise ein geheimes Codewort oder eine spezielle Technik verwenden, um die versteckte Botschaft zu entschlüsseln.

- Herausforderung: Laserlabyrinth: Installieren Sie im Raum ein "Laserlabyrinth" aus roten Schnüren.
- Die Teilnehmer müssen den Raum durchqueren, ohne die Laserschnüre zu berühren. Der Alarm wird ausgelöst, wenn ein Laserstrahl unterbrochen wird.

Rätsel: Puzzleteile
- Verstecken Sie Puzzleteile im Raum, die die Teilnehmer finden und zusammensetzen müssen, um ein größeres Bild oder eine Botschaft zu enthüllen.
- Die Teilnehmer müssen Hinweise im Raum nutzen, um die Positionen der Puzzleteile zu finden und das Puzzle zu vervollständigen.

Code: Geheimschrift
- Platzieren Sie Hinweise oder Botschaften im Raum, die in einer Geheimschrift geschrieben sind, z. B. mit unsichtbarer Tinte oder einer speziellen Code-Sprache.
- Die Teilnehmer müssen eine UV-Lampe oder andere Methoden verwenden, um die unsichtbaren Nachrichten zu enthüllen und die Hinweise zu erhalten.

ANHANG G:
BEISPIELSÄTZE FÜR
"FLÜSTERKREIS"

1. "Die tanzende Giraffe trug eine Sonnenbrille."
2. "Der fliegende Pinguin fand eine verlorene Pizza."
3. "Die singende Wassermelone veranstaltete eine Party."
4. "Ein sprechender Kaktus suchte nach seinem Lieblingsbuch."
5. "Der schüchterne Elefant übte Ballett im Regen."
6. "Ein lachender Käse spielte Verstecken mit einer Maus."
7. "Die singende Schildkröte gewann einen Gesangswettbewerb."
8. "Ein niesender Affe verschüttete aus Versehen seinen Kaffee."
9. "Die fliegende Banane rettete die Welt vor einer Schneckeninvasion."
10. "Ein tanzender Roboter verlor seinen Schlüssel zum Raumschiff."
11. "Die lachende Kartoffel gewann eine Medaille im Kartoffellauf."
12. "Ein singendes Einhorn schmückte einen Weihnachtsbaum."
13. "Der müde Frosch trank eine Tasse Kaffee und las Zeitung."
14. "Ein klatschender Fisch organisierte eine Unterwasserparty."
15. "Die gackernde Eule spielte Verstecken mit einem Eichhörnchen."
16. "Ein rülpsender Dinosaurier aß eine riesige Portion Eiscreme."
17. "Die tanzeifernde Katze eröffnete eine Tanzschule für Mäuse."
18. "Ein klavierspielender Hamster komponierte eine Symphonie."
19. "Der grinsende Regenbogen malte ein Bild von einer lila Wolke."
20. "Eine kichernde Biene trug eine Sonnenbrille und las ein Buch."

MPRESSUM
Angaben gemäß § 5 TMG:
Markus Gohlke
c/o IP-Management #16265
Ludwig-Erhard-Str. 18
20459 Hamburg
Kontakt:
E-Mail: elcamondobeach@gmail.com
Telefon: +491751555847
ISBN: 9798858028420
Imprint: Independently published